みんなの布おむつ

林さやか
布おむつ
100人アンケート
実行委員会
編

はじめに

「布おむつ」と聞いて、みなさんはどんなイメージを思い浮かべますか。

エコロジー、赤ちゃんの肌にやさしい、ナチュラル志向。私もぼんやりと、そんなイメージを抱いていました。

でも、子どもを産んで実際に使ってみて感じたのは、「布おむつってそんなに特別なものではないな」ということ。

「母乳で育てるか、ミルクで育てるか」「どんな服を着せるか」といった、出産や育児の過程であらわれるさまざまな選択肢のひとつのように感じています。

私が布おむつに興味を持ったきっかけがなんだったか、いまではもうはっきりと思い出せません。

明確にひとつのきっかけがあったわけではなく、いくつものことが複合的に重なって布おむつに興味を抱くようになったのだと思います。

私自身が布ナプキンを使っていて、ゴミを出さないことや、布素材の体へのやさしさを感じていたこと。

先に出産をした先輩や友人に、布おむつを使っている人がいたこと。

そして産後は里帰りを予定していて、姉や私を布おむつで育てた母が身近にいることも、たのもしい一因だったと思います。

このようなきっかけや理由があって、「大変だろうな、できるかな」という気持ちもありながら、それでも最終的には「布おむつ、使ってみたいな」と思うに至りました。

実際に使い始めると、布おむつに関する知識を大して持っていなくてもできなくはないのです。

布おむつを使う「基本」は書籍や、WEBサイトでいくらでも知ることができましたし、母が使っていた30年前とそう大きく使い方がかわっているものではないので教えてもらうこともできました。

でも、「もうちょっと楽にならないのかな」と思うことがたくさんあるんです。

手際よく交換をする方法や、効率のよい洗濯の仕方。漏れにくいあて方。より使いやすいおむつカバー。

いま、この時代に子育てをする人ならついついやってしまうことだと思いますが、迷うたびに手元のスマートフォンで検索を繰り返しました。

たとえば個人のブログで。布おむつショップのＱ＆Ａページで。さらには、巨大掲示板の書き込みで。

いろいろなところで、布おむつを使う「基本」ではなく「ワザ」といったものを学びました。

それでも「ここをチェックすればＯＫ」ということではなく、困ったらその都度検索して、顔も知らない人の「こうしたらよかったよ」という情報をありがたく参考にさせてもらいました。

そして、こういう情報が一箇所にまとまっていたらなあ……と思ったのです。

そうして始めたのが、１００人の布おむつユーザーの方たちへのアンケート。

実際に布おむつを使った人だからこそのコメントの数々は、「私が布おむつを始める前に知りたかった！」と思うことばかり。その気持ちは「これは一冊の本にまとめたら、布おむつで迷う人の助けになるはず！」という確信へと変わりました。

布おむつが赤ちゃんにとって、お母さんやお父さんにとって、「いいもの」なのかどうか。

その答えは、それぞれの人で違うと思います。中には合わない方もいることでしょう。

それでも「使ってよかったよ」と思えたお母さん、お父さんたちの知恵がこの本には詰まっています。

そしてこの本が少しでも布おむつに興味を持たれたお母さんやお父さん、妊婦さん、これからお子さんを考えている人の、手助けになればと思います。

『１００人アンケートで見えてきた　みんなの布おむつ』編者　林さやか

布おむつ100人アンケート

実施期間 ……………… 2016年1月〜10月
実施方法 ……………… オンライン上のアンケート回答フォーム
……………… https://questant.jp/q/akishobo-nunoomutsu
回答者数 ……………… 100
回答者男女比………… 5：95
回答者平均年齢 …… 37.7歳

1

布おむつのここが好き

なぜいま布おむつを選ぶの？　布おむつを使っている人は、それぞれの「理由」を持っているはず。その理由を知ることが、布おむつライフへの第一歩です。

布おむつに興味はあるのだけれど……

第1子の出産を控えた妊婦Sさん(28歳/妊娠9ヶ月)と旦那さん(30歳)。

Sさんは都内で事務の仕事をしていましたが、妊娠8ヶ月で産休に入り、出産準備を始めました。

実家の家族はまだ働いていて忙しいので、里帰りはせず、出産は自宅近くの産院でする予定です。

「男の子かな、女の子かな。赤ちゃんの洋服って小さいなあ。こんなおもちゃはまだ早過ぎるかな?」

などなど、楽しく準備をしています。

「そういえば、おむつっていろいろ種類があるな。ちょっと気が早いけど、どこのメーカーがいいんだろう?」

旦那さんに聞いてみても「えーわからない」の声。

そんなとき、育児情報についてネットサーフィンしていたら「布おむつ」という言葉が目にとまりました。

「布おむつ……?」

考えたこともなかったけど、ちょっとエコな感じがする。

「そういえば、私が生まれた頃はまだ布おむつを使う人も多かったとお母さんが言っていたっけ」

とりあえず、お母さんに電話で聞いてみます。

「お母さん、布おむつってどう思う？」
「え？　いまは紙おむつがあるのにどうしてわざわざ？」
「やっぱり紙おむつのほうが楽なんだ」
「そりゃそうよ！　紙おむつなら
洗濯もしなくていいんだし、楽に決まってるじゃない」
そっか……たしかに、いまの人はほとんど紙おむつ。
でも、思い出してみるとSNSで友達が
布おむつをつけた赤ちゃんの写真を
アップしていたこともあった。
「使う人はいるってことだよね。
いまでも布おむつを使う意味ってなんなんだろう」
調べるうちに、赤ちゃんの肌にやさしいとされていることや、
ゴミが出ないので環境にもいいということを知ります。
でも、調べれば調べるほど大変そうだし、
本当に赤ちゃんの肌にいいのかも、
布おむつをどこで買ったらいいのかもわからない。
ふたたび旦那さんに聞いたら
「ちょっと面倒くさそう……」と言われるし、
実際、〝イマドキの〟布おむつってどうなんだろう？

アンケートで見えてきた、みんなが布おむつを始めた理由

布おむつ、やってみたいし興味はあるけれど、
実際、みんなはどうして布おむつにしようと思ったの？
何がきっかけで、布おむつを使い始めた人が多いのでしょう。
アンケートを通して、本当の“理由”をさぐります。

どうして布おむつを使おうと思ったのか、
理由を教えてください。（複数回答可）

こんな理由で布おむつを使い始めました

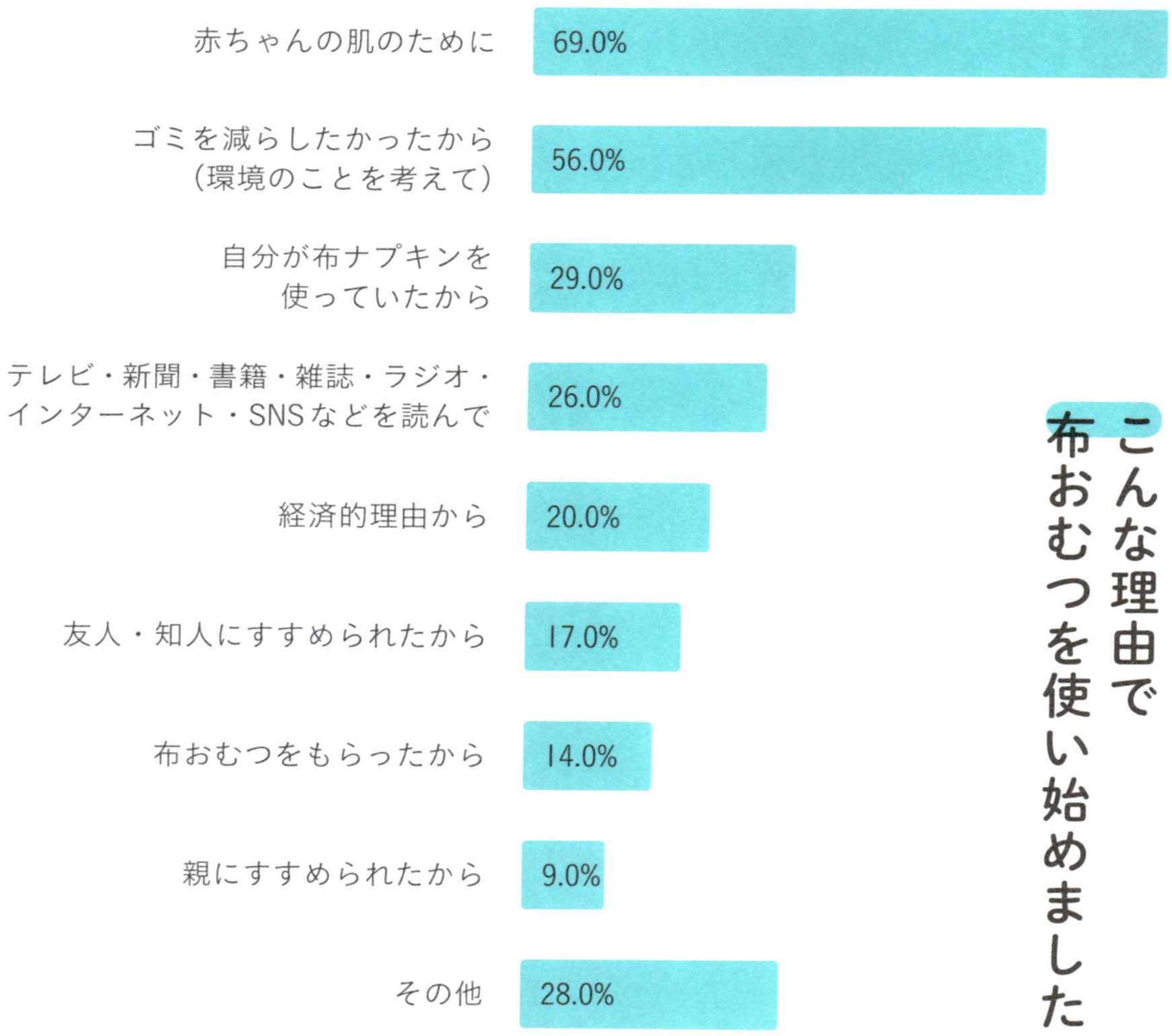

赤ちゃんに、環境にやさしい

今回のアンケートで聞いた「布おむつを使おうと思った理由」で、最も多かったのは「赤ちゃんの肌のために」でした。7割近くの方がその理由を挙げているように、肌にやさしいという印象はやはり強いようです。

同じく多かったのが「ゴミを減らしたかったから」。このふたつの回答がそれぞれ半数を超えているとおり、いま布おむつを選ぶ方の多くは「赤ちゃんの肌にも、環境にもやさしいから」と考えることがきっかけになっている様子でした。

「テレビ・新聞・書籍・雑誌・ラジオ・インターネット・SNSなどを読んで」という方も多く、情報の多い時代だからこそ、布おむつのよさに触れる機会も多いのかもしれません。

周囲のすすめもきっかけに

わからないことの多い出産前は、周りの方にいろいろ相談することも多いと思います。「友人・知人にすすめられたから」「親にすすめられたから」の回答は合わせると30%近くに。実際に使った人が「布おむつ、いいよ!」と思うからこそ、すすめられる機会も多くなるのでしょう。

お母さん自身が「布ナプキンを使っていたから」という回答が29%と多かったのも、「自分が快適だから赤ちゃんにも」という発想かもしれません。

お下がりに使える布おむつ

意外にも(?)多かったのは「布おむつをもらったから」。およそ7人に1人が布おむつをもらった経験がありました。とっておいてお下がりにもできる布おむつ。中には、自分が使っていた布おむつを親がとっておいてくれて、子どもにも使えたという方も。世代を超えて使えて無駄になりにくいことも、布おむつの魅力のひとつです。自分の子どもに使った布おむつも、きれいにとっておきたいですね。

実際、すでに布おむつを使い終わった方のうち、40%の方が「使い終わった布おむつをお下がり用にとってある」と回答していました。

そのほかの回答としては「助産院や保育園で布おむつを使っていたから」「おむつ離れが早いと聞いたから」などが多く寄せられました。「おむつカバーがかわいいから使ってみたかった」という回答も。毎日使うものですし、お世話をする人のモチベーションが上がるという意味では案外重要なポイントになりそうです。

布おむつのメリット

それでは、具体的に布おむつのメリットってなんでしょう? アンケートにあった声も紹介していきます。

【赤ちゃんの肌にやさしい】

化学素材でできている紙おむつに対して、布おむつは肌にあたる部分は基本的に綿素材。赤ちゃんの繊細な肌には負担が少なく、安心です。実際、紙おむつでかぶれてしまった赤ちゃんの肌が、布おむつにしたことで改善されたという声もありました。

【ゴミが減らせる】

使い捨ての紙おむつに比べて、洗って繰り返し使える布おむつはゴミの量が圧倒的に少なく済みます。1日の紙おむつ交換数を5回として(新生児期は10回以上になることも!)、大体3〜4日で20リットルのゴミ袋がいっぱいになります。それに対して布おむつで出るゴミはほぼゼロ。使い捨てのおしりふきを使えばそのゴミは出ますが、1日分でも紙おむつ1枚分のゴミにもなりません。また、使い終わったら下の子にも使えたり、お下がりにまわせたり、雑巾や大人用の布ナプキンとして再利用したりすることもできます。

その分、毎日の洗濯で水を大量に使うなど、全てが"環境にやさしい"わけではないけれど、ゴミが減ることは間違いなく環境にも配慮できますし、ストレス軽減にもなります。

【経済的】

洗って何度も使える布おむつは、ある程度かかる初期費用や水道代を考え

布おむつと紙おむつにかかる費用の比較

布おむつ		紙おむつ
布おむつ代 ・輪おむつ　40枚 1,500円　(10枚入り)×4＝6,000円 ・カバー　1,500円×15枚＝22,500円 ・パラソルハンガー　1,000円 ・フタ付きバケツ　500円 ・おむつライナー(低月齢期のみ使用) 3,500円程度 合計　33,500円	**洗濯代** 水道代　1回20円、 1日1回として計算 1回20円×30日＝ 1ヶ月600円 ※洗剤など、洗濯の際に別途必要なものもあり	**紙おむつ代** 平均1日あたり7回 おむつを交換するとして 1枚20円×7回×30日 ＝1ヶ月4,200円
2歳でおむつ離れするとして、 **33,500円＋600円×24ヶ月(水道代)＝47,900円**		2歳でおむつ離れするとして、 **4,200円×24ヶ月＝100,800円**

てもやはり経済的です。初期費用については、お下がりをもらえばだいぶ減らせますし、第2子以降のときはほとんどかかりません。

ただし、これはこだわり次第ともいえます。布おむつには「おむつカバー」が必要で、サイズごとに買い足す必要もあり(成長に合わせてサイズ調整が可能なワンサイズタイプもあります　25ページ参照)、購入する枚数は使う人によってさまざま。かわいいおむつカバーもたくさんあるので、服を買うように揃えてしまうと費用がぐっと上がることも。

【赤ちゃんとのコミュニケーション】

布おむつは、濡れたらその都度交換が基本。おしっこなら数回分はまとめて交換でもＯＫな紙おむつに比べて、交換の回数が多くなります。布おむつは濡れると不快さを感じる赤ちゃんが多く、泣いて知らせることもあります。

交換回数が多いのはそれだけ大変ではありますが、その分、赤ちゃんに触れる機会が多いということ。

育児中と言っても、赤ちゃんのお世話だけをしていればいいというわけではありません。どうしてもほかのことに目や手が行きがちなときも、おむつ替えが赤ちゃんとのスキンシップになります。そうすることで赤ちゃんの変化にも気づきやすくなるかもしれません。

【お買物が楽!】

紙おむつで子育てをすると、平均1ヶ月に２００枚ほど使うことになり、当然その全てを調達する必要があります。大きいパックを車でまとめ買いする人、通販で買う人などさまざまですが、常にある程度ストックしておかなくては！と気にかけているのは案外ストレスになるもの。布おむつなら定期的な買物は必要ありません。布・紙併用の場合も、紙おむつだけのときよりだいぶ買物は減らすことができます。

【おむつ離れが早くなる】

これについては、赤ちゃんの体質やトイレトレーニングの仕方などにもよるので、布おむつにすれば確実におむつ離れが早いとは言い切れません。でも赤ちゃんがおむつが濡れる感覚を自分で感じやすいこと、お母さんは赤ちゃんの排泄のタイミングをつかみやすいことから、実際におむつ離れが早かったと感じるお母さんも多いようです。

とはいえ、「布おむつ＝おむつ離れが早い」と思い込まず、お子さんのペースをみてあげられるといいですね。

布おむつのデメリット

いいことばかりじゃないのが布おむつ。メリットもあれば、デメリットもあります。あまり悲観的にならないでほしいのですが、最初に「こんな大変さもあるよ」というのをわかっておくと、逆に気が楽かもしれません。

【洗濯ものが増える！】

紙おむつとの一番の違いは洗濯。1日1回でも洗濯回数が増えることは、忙しい方には負担になることも。

▼74ページからの「布おむつの洗濯、どうやるの？」で対策をチェック！

【交換が大変！】

紙おむつは交換時、パッケージから出したらさっとおしりの下に敷いて替えればOK。布おむつは、おむつを折って、カバーの中にセットして……と少し手間がかかります。でも、慣れれば事前の準備でだいぶ楽になります。

▼42ページからの「布おむつの実践準備」で対策をチェック！

【かぶれてしまうことも……】

布おむつが肌にやさしいことも間違いないのですが、中には合わない赤ちゃんも。特に、交換するのが遅くなると、おしりが濡れている時間が長くなりかぶれてしまいやすくなります。

▼58ページからの「困った！布おむつトラブル」で対策をチェック！

【外出時の荷物が多い！】

布おむつはかさばるので、どうしても紙おむつに比べて外出時の荷物は多くなります。また、トイレの専用ゴミ箱など出先でも捨てられる紙おむつと違い、濡れたものをすべて持って帰らないといけないので、帰路の負担が若干大きくなることに。

▼64ページからの「外出するときは布おむつ、使ってますか？」で対策をチェック！

【夜のおむつ替えが大変！】

濡れたら交換が基本の布おむつ。紙おむつの場合は月齢が上がれば夜の間は交換しなくてもいいくらいですが、布おむつではそうはいきません。夜中のおむつ替えが複数続くのは睡眠不足のお母さんには大変です……。

▼60ページからの「夜は布おむつ、使ってますか？」で対策をチェック！

2

何を準備しましたか？

布おむつをスタートするにあたって、「布おむつ」だけ揃えればOKというわけにはいかなそう。事前に準備しておきたいものは？　何をいくつ？　どこで？　そんな疑問を解消します。

布おむつ、やってみたいな

布おむつのメリット・デメリットも大体わかって、
だんだん布おむつに興味が湧いてきたSさん。
「赤ちゃんによさそうなことは試してみたいし、
私も布おむつ、やってみようかな」と考え始めました。
旦那さんは「大変じゃないの？」と言うけど、
とりあえずやってみたい！
そこで初めて〝布おむつ〟をイメージしてみたけれど……。
「戌の日で使ったさらしみたいなものかな。
さらしを折りたたんでカバーでとめるのかな？」
お母さんに見せてもらった昔の写真では、
そんな感じの見た目でした。
でも、いまでもそんな昔ながらのスタイルなのでしょうか。
そこでSさんはインターネットで検索してみることに。
「ふむふむ、さらしみたいなものはいまでもあるのか。
でもカバーがかわいい！
こんなにたくさんの種類があるなんて、
洋服を選ぶみたいで楽しそう！」
実際、色とりどりのおむつカバーが売られているのを見ると、
なんだかテンションが上がります。
でもよく見ると値段はピンキリだし、素材もいろいろ。

形もいくつかあるみたい。
「ふむふむ、〝成型おむつ〟……？
これはちょっと布ナプキンみたいだな。
でも、どうやって赤ちゃんにつけるんだろう」
こんなふうに、どんなものかなかなかイメージがつかめません。
布おむつはネットでも買えるけれど、
実際に手に取って見てみたい気もする。
「そもそも紙おむつなら近所のドラッグストアにあるけど、
布おむつってどこに売ってるんだろう？」
考えたら、実際に布おむつを売っているところは
見たことがありませんでした。
興味がないから気づかなかったのかな？
「それに、1日に何度も替えるんだよね。
いくら洗濯して使えるとはいえ、たくさん必要なのかな……」
仕組みはどうなっているのか、
何がどれくらい必要なのか。
どこで購入すればいいのか。
Sさんの布おむつライフの具体的な準備が始まりました。

布おむつってどんなもの？

そもそも、布おむつってどんなもの？
これから始めようとしている人は、
疑問だらけのはず。
ここでは布おむつの仕組みを解説していきます。

布おむつの仕組み

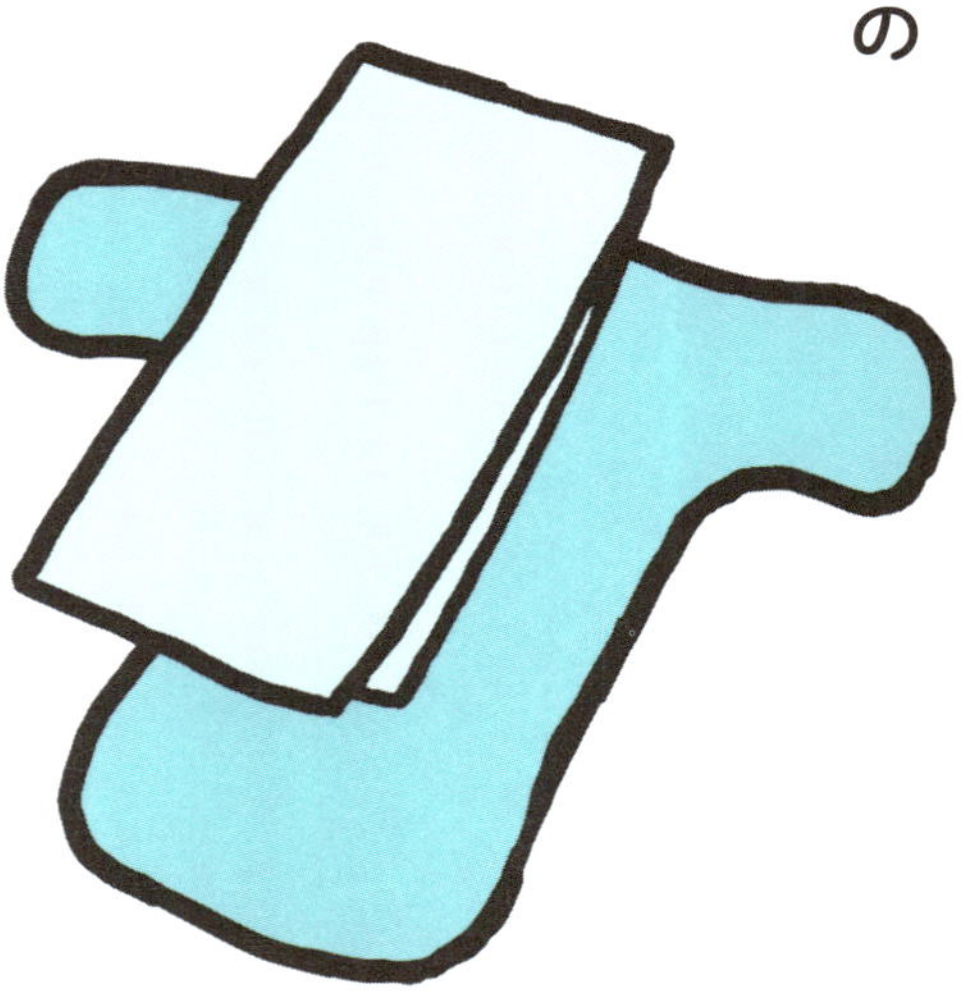

布おむつは、赤ちゃんに直接触れる「布おむつ」本体と、それを赤ちゃんの体にとめる「おむつカバー」から成り立っています。それぞれ種類があり、また、そのふたつが一体となった「一体型」と呼ばれる製品もあります。

布おむつ本体は こんなもの

赤ちゃんの肌に直接触れ、おしっこを吸収し、うんちを受けとめるのが「布おむつ」本体。大きく分けて、昔ながらの「輪おむつ」と、「成型おむつ」と呼ばれるものがあります。

「輪おむつ」は細長い1枚の布を輪っか状に縫いとめたもので、折りたたんで使います。腹帯などでも使う「さらし」のようなイメージです。「成型おむつ」はその名のとおり、複数の布を成形して作られたおむつ。そのままあてがって使います。これは布ナプキンのイメージに近いかもしれません。

輪おむつ、成型おむつそれぞれにメリット・デメリットがあり、また、素材も数種類あり特徴はさまざま。20～22ページでみなさんの使い方とともに詳しく紹介していきたいと思います。

布おむつ本体はサイズ関係なく使えるので、最初に買ったものをおむつ離れのときまで使えます。どんなタイプを使うか、最初の決断が大切ともいえるので、スタイルに合ったものを選んで使いましょう。

おむつカバーは こんなもの

布おむつ本体を赤ちゃんの体にとめるのが「おむつカバー」。布おむつ本体をカバーで包み、面ファスナーやスナップボタンを使って、赤ちゃんの体に固定します。紙おむつのような形状をしているのが、おむつカバーです。

とめ具が肌に触れないので赤ちゃんの肌を傷つけにくい「外ベルトタイプ」、大きく動いてもずれにくい「内ベルトタイプ」、立ったままおむつ交換ができる「パンツタイプ」などがあり、月齢によっても使いやすいものがかわります。

色や柄もメーカーによってさまざまなので、カバーの選択でおしゃれを楽しむこともできます。素材にもよりますが、おむつカバーのデザインは洋服のように豊富！　実はおむつカバーのコレクションが布おむつを使うモチベーションだという方もいました。

かわいさも大事ですがデリケートな赤ちゃんが使うことを考えると、やっぱり素材選びが重要。アンケートからは、素材に対するこだわりを持つ方が多いこともわかりました。これもそれぞれにメリット・デメリットがあるので、26～27ページで詳しく見ていきます。

布おむつ本体は
どんな種類のものを使っていましたか？（複数回答可）

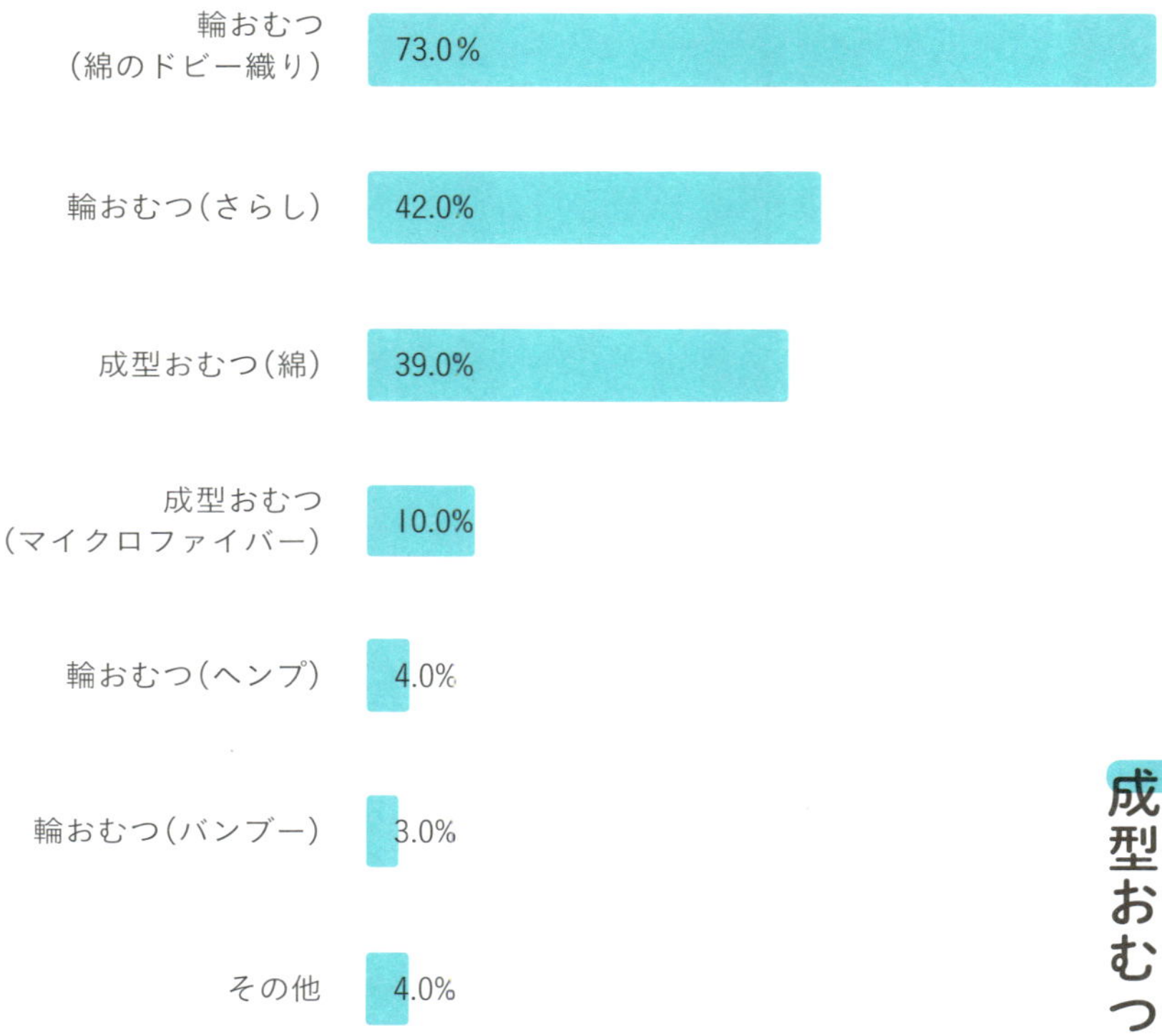

輪おむつ or 成型おむつ？

形は「輪おむつ」か「成型おむつ」、さらにその中で素材を分けて聞いたところ、ダントツに多かったのが「ドビー織りの輪おむつ」。実に7割以上の人が使用していたとおり、最も一般的な布おむつです。そのほか、割合を見ると輪おむつと成型おむつを併用している人も多いようで、成型おむつでは綿素材が人気。それでは、それぞれの特徴を見ていきましょう。

●輪おむつってどんなもの？

布おむつとしてイメージされやすい、一般的なものが「輪おむつ」。細長い布を縫いとめ、輪っか状にしたもので、これを折りたたんで赤ちゃんのおしりにあて、おむつカバーでおさえます。

メリットとしては乾きやすい、安価、折り方を工夫できるなどがあり、中でも「乾きやすい」というのは布おむつ

輪おむつ

１枚の布を折りたたんで使う「輪おむつ」。シンプルな長方形の布で、いわゆる「布おむつ」といえばコレと思う人も。折り方を工夫しやすいなどシンプルゆえに融通が利き、複数枚重ねて使うこともあります

を使う上では重要なポイント。広げれば１枚の薄い布なので、晴れていればあっという間に乾いてしまいます！

デメリットは、このあと紹介する成型おむつに比べると吸収量が劣り、漏れの心配があるということ。洗濯したらそのまま使える成型おむつと違い、折りたたまなければいけないところも忙しいお母さん、お父さんにはつらいかもしれません。

●輪おむつの素材は？

素材は、アンケートでも一番多かった「綿のドビー織り」が手に入りやすく一般的。特殊な織り方で、見た目に少し模様のような織り目が見えます。何度か洗ううちに柔らかくなり、赤ちゃんの肌にやさしく乾きやすい素材。ただ若干シワになりやすいので、扱いにくさもあります。販売されているときは輪っか状に縫われた「仕立済み」と、まっすぐな布の状態の「反物」があり、「反物」で買う場合は自分で縫って輪っか状にする必要があります。どちらも赤ちゃん用品店などで購入できます。

「さらし」はさらし木綿のことで、腹帯などで使われているものと同じ素材です。薄さが一番のメリットですが、その分やはり吸水量は劣ります。さらしだけで使うというよりはほかの素材と重ねて使っている方が多いようでした。また、若干ごわつく感じもありますが、ドビー織りのような複雑な織り目がないので汚れが落ちやすいというメリットも。さらしは「布おむつ」としては売っていないので、「さらし」という布を購入して、縫い合わせて輪っか状にする必要があります。

珍しい素材ではヘンプ(麻)やバンブー(竹)も。ヘンプは綿よりも吸収力が

成型おむつ

複数枚の布を重ねて縫いとめられ、そのままあてがって使える「成型おむつ」。商品によって差はあるものの、細長い形が一般的。キルティングになっていたり、柄があったりというタイプもあります

高く、また肌にやさしいので敏感肌の赤ちゃんにも使いやすい素材です。バンブーはさらさらと肌触りがよく、やはり綿よりも吸収力は高め。どちらも日本では一般的でないため、高価で手に入りづらいというデメリットがあります。

●成型おむつってどんなもの？

成型おむつとは赤ちゃんにあてがう形に成型されているおむつで、長方形や小判型、中央が少しくれびた形など、メーカーによって形に若干違いがあります。布ナプキンに近いイメージです。複数の素材が重ねられているので、吸水力は輪おむつに比べて高いものがほとんど。

すぐに使える形になっているので、輪おむつと違ってたたむ必要がないというメリットがあります。収納も楽で、取り出すのも楽、干すのも楽と、使い勝手は輪おむつに比べて簡単なのが成型おむつ。

ただ、商品によりますが1枚あたりの価格が輪おむつの2～5倍と高め。吸水力がある分乾きづらいのも事実ですが、アンケートでは「乾きづらい」という方も「そんなに気にならなかった」という方も両方いました。洗濯スペースや日当りの具合によっても差がありそうです。

●成型おむつの素材は？

素材は「綿素材」と「マイクロファイバー」とうたわれるものがメイン。ただ基本的に複数の素材を重ねて作られることが多いので、「綿素材」といっても「綿100%」とは限らないので、素材にこだわりのある方は注意が必要です。

おむつカバーはどんなものを使ってる？

外ベルト

新生児期〜6ヶ月頃までオススメ

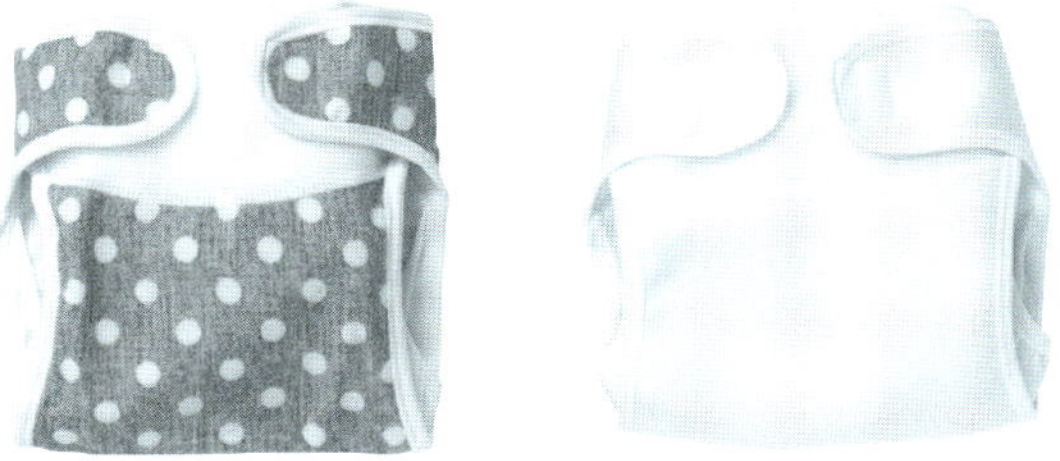

内ベルト

6ヶ月頃〜1歳頃までオススメ

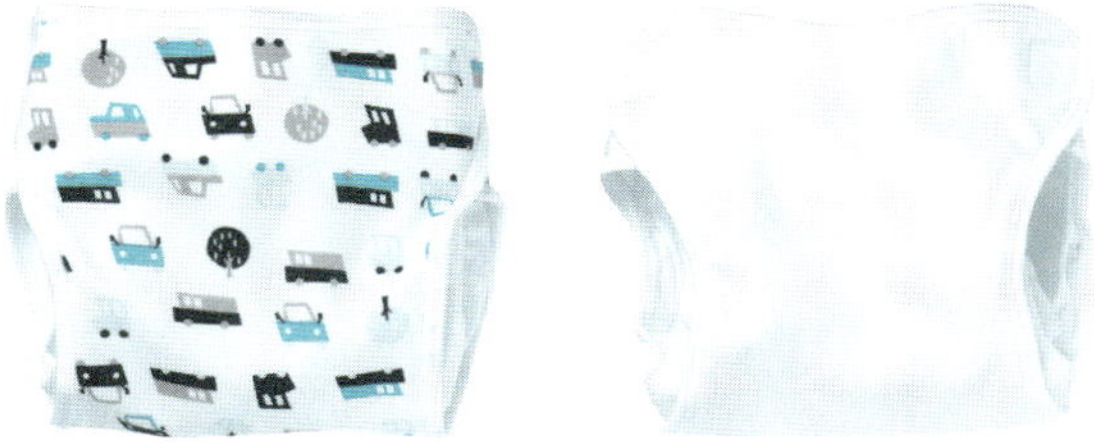

パンツタイプ

1歳頃〜オススメ

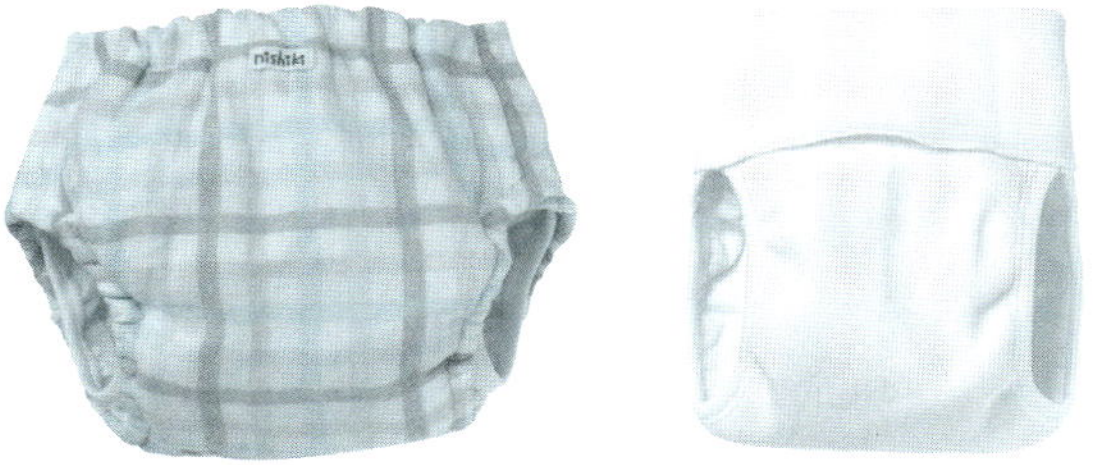

おむつカバーのタイプ

布おむつを赤ちゃんの体に固定する「おむつカバー」。形や素材だけでなく色・柄も豊富で、選ぶポイントがたくさんあるので、使い方のスタイルはさまざまです。サイズを気にせず使える布おむつ本体とは違い、赤ちゃんの成長に合わせてサイズが大きいものにかえていくことになるので、買い足しのときに形や素材をかえることも。

まずはどのような形があるのかを見ていきましょう。

月齢によって使い分け

おむつカバーの形は大きく分けて外ベルトタイプ、内ベルトタイプ、パンツタイプの3種類。紙おむつのようにカバーの外側で固定する「外ベルト」タイプは、面ファスナーやスナップボタンといったとめ具が赤ちゃんの肌に触れないので、デリケートな新生児期の赤ちゃんでも安心。また、着脱も簡単です。

「内ベルト」タイプは内側で固定し、その上からおむつカバーをさらにかぶせる形なのでしっかりととめることができ、赤ちゃんの動きが激しくなる6ヶ月頃から使う方が多いようです。赤ちゃんが自分でマジックテープを外しちゃう！　といった悩みも出てくる頃ですが、内ベルトタイプなら赤ちゃんがとめ具を触ることができないので、その心配もありません。

●たっちしたらパンツタイプも

少しタイプが違うのが「パンツタイプ」。1歳頃から赤ちゃんが立ち上がったり歩き出したりすると、なかなか寝たままじっとしてくれなくなることも。そうなると寝かせてのおむつ替えが難しくなってしまいます。そんなときに便利なのがパンツタイプで、赤ちゃんを立たせた状態でおむつ替えをすることができます。これは紙おむつも同様で、この時期からパンツタイプの紙おむつにする方も増えてきます。

パンツタイプの布おむつには脇のところにスナップボタンが付いているものと付いていないものがあり、付いているものはおむつ替えのときにスナップボタンを外すことでうんちが足についてしまったりすることを防げます。スナップが付いていないものはニット素材が多く、伸縮性を利用しておむつ替えをします。ニットのものでウール素材のものは「ウールソーカー」と呼ばれることもあり、毛糸のパンツのようなもの。編み物ができる人は、自作する人も多いようです。

このように、アンケートの結果から月齢ごとの使い分けを中心にまとめましたが、使い慣れた形のものをずっと使い続ける方も少なくありません。アンケートでも、1歳以降も「外ベルトタイプ」を使い続ける方も4割ほどいました。

この月齢になったらこれ、と決めつけるのではなく、替えにくくなって困ったときに次のタイプを検討してみるのがおすすめです。

おむつカバーのとめ具はどのようなものでしたか？（複数回答可）

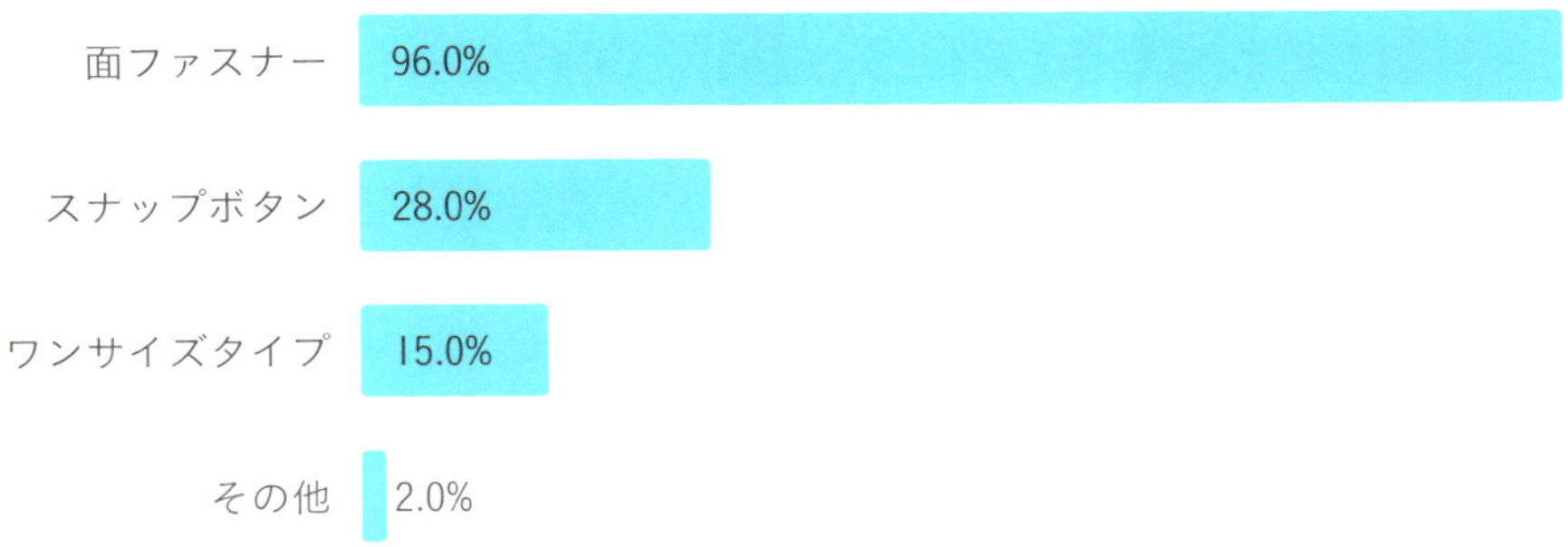

●とめ具の違いによって使いやすさは？

カバーのとめ具は、面ファスナーとスナップボタンが主流。

おむつカバーは洋服のように赤ちゃんの成長に合わせてサイズを大きくしていきますが、複数のサイズを兼用できる「ワンサイズタイプ」もあります。これはスナップボタンをとめる位置でサイズを調整するものがほとんどです。

アンケートでは、カバーのタイプをこの「面ファスナー」「スナップボタン」「ワンサイズタイプ」に分けて聞いたところ、96％の方が面ファスナータイプを使っていたと回答（併用も含む）。やはり1日に何度もあるおむつ替えスナップボタンをとめるだけでも手間に感じてしまうものですよね（赤ちゃんの肌着のスナップボタンも面倒になるくらい！）。その点、少しの違いですが簡単に着脱できる面ファスナーは助かります。デメリットとしては洗濯による劣化があることや、毛玉がつきやすいこと。使っているうちに取れやすくなることもあり、その点は一度つければなかなか取れないスナップボタンが優位。ただ、国内で販売されているおむつカバーは面ファスナーのものが多く、特に低月齢期に使うサイズのものは、スナップボタンタイプを見つけるのは難しいでしょう。

ワンサイズタイプは買い替えなくてもいいという便利さはありますが、低月齢期はスナップを一番小さいところでとめてもまだゆるく、布が余ってしまったり、完全にピッタリとめられないので漏れやすくなってしまったりするというデメリットも。また、長く使える分、値段も若干高めです。

おむつカバーの素材はなんでしたか？（複数回答可）

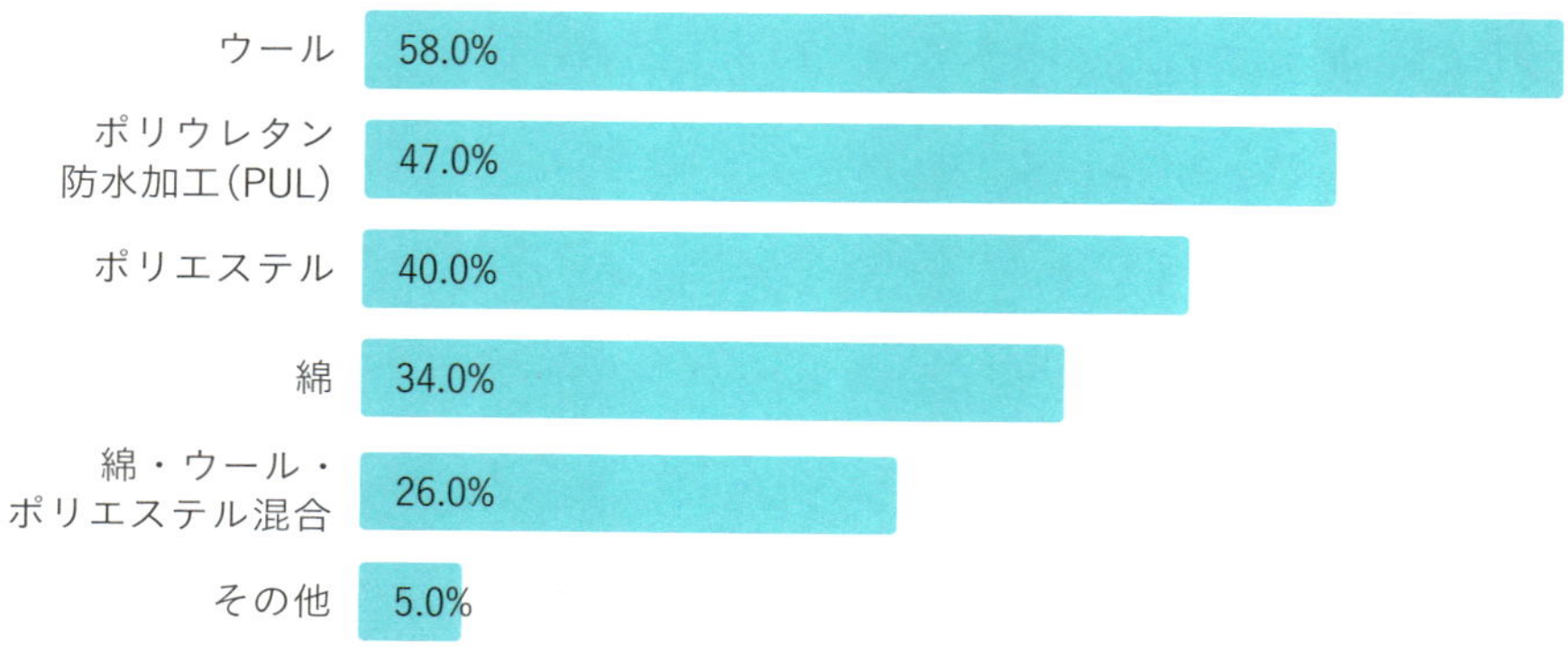

●おむつカバーの素材は何がいい？

赤ちゃんの肌に直接触れるのは布おむつ本体ですが、おむつカバーの素材によって蒸れ具合や漏れやすさに違いが出てきます。おむつカバーの素材選びはとても重要です。

代表的な素材は綿・ウール・ポリエステルの3つ。「おむつカバーの素材はなんでしたか？」というアンケートでも、裏地に使われることの多いポリウレタン防水加工を除くと、ほぼこの3つという結果となりました。月齢や赤ちゃんの状況によって、併用している人も多いようです。今回は綿・ウール・ポリエステル、それから「その他」の回答で多かったフリースについて、それぞれの素材のメリット・デメリットをまとめてみました。

①綿

自然素材で馴染みがあり、扱いやすい綿素材。一番小さい新生児期用の50サイズなどは綿またはウールであることがほとんどです。〝オーガニックコットン〟をうたうものもあり、特にオーガニックにこだわって探したという方も多くいました。

【メリット】通気性がよく、天然素材で赤ちゃんの肌にやさしいのでデリケートな新生児期〜低月齢期におすすめ。

【デメリット】防水性は弱いので漏れやすく、おしっこの量が増えてくると心もとない。

②ウール

冬用の素材と思われがちですが、通気性がよいので蒸れにくく、むしろ夏にもおすすめ。傷みやすいので、天日干しは控えて陰干しを推奨します。おむつカバーとしてはウールネル素材（ウールを織ったもの）が一般的ですが、パンツタイプでは伸縮性のあるウールニットが使われることも。デザインとしては、無地のものが多く、柄物は少なめです。

【メリット】通気性がよいので、蒸れにくい。肌触りがよい。抗菌・消臭効果があるので、おしっこだけの場合は毎回洗わなくてもよい。

【デメリット】傷みやすく、毛玉がつきやすい。撥水加工を維持するにはラノリン処理（※）という作業が必要なことも（必ずしないといけないというわけではありません）。

③ポリエステル

天然素材以外で多いのがポリエステル。特別に防水加工を施されたカバーもあるので、夜間の布おむつだけ防水タイプを使うという方も。種類が豊富で、無地よりもかわいらしい柄のものが多く、キャラクターものなどもあります。

【メリット】漏れにくく、乾きやすい。比較的、安価。デザインが豊富。

【デメリット】蒸れやすい。かぶれやすい赤ちゃんや新生児には不向き。

④フリース

洋服にもよく使われるフリースは海外製の布おむつカバーに多く、通気性がよいのが特徴。扱いやすいので、手作りのカバーに使う方も多いようです。

【メリット】通気性がよい。撥水性が高い。

【デメリット】海外製がほとんどで高価。撥水しすぎることで、水分を吸収せずに漏れてしまうことも。

※ラノリン処理
ウールは「ラノリン」という成分によって撥水しますが、しばらく使うと撥水しづらくなることがあります。そのため、ラノリン入りのウール用シャンプーを使ったり、弱くなってしまったらラノリン液に浸けたりする必要があるものも。海外製のものはラノリン処理推奨のものが多いので、サイトなどでラノリン処理の方法がまとめられています。購入時に確認しましょう。

布おむつスタート！
「何を」「どれくらい」
準備しましたか？

ここまでのページで、布おむつがどんなものか
理解できたら、いよいよ実践編！　まずは準備です。
布おむつを始めるにあたり、みなさんが
何をどれくらい準備したのかを聞いてみました。

基本中の基本 おむつ本体は何枚？

輪おむつは平均20枚スタート

アンケートでは、布おむつライフに欠かせないアイテムをどれくらい準備したかを聞いてみました。まず「おむつ本体」は輪おむつ、成型おむつそれぞれについて。

ユーザーの多い輪おむつでは、最初に買った数は11～20枚と答えた方が最も多く、「それで足りるの？」と思うかもしれません。低月齢期は1日のおむつ交換が10回を超えることもあり、布おむつだけでがんばろう！　とするには、輪おむつ20枚はちょっと少ない数ともいえます。でも、赤ちゃんが生まれてすぐの慣れない時期は紙おむつに頼ることも多くなるでしょうし、外出時や夜は紙おむつにすることもあるかもしれないので、「布おむつ、やってみようかな」と挑戦してみるには十分な数。もちろん、しっかり準備して備えた方もいて、中には最初から100枚購入したというつわものも！

成型おむつの場合は最初に買った数が平均で10枚程度。30枚、40枚と揃えて盤石で挑んだ人もいれば、3枚、5枚と少数を用意して、輪おむつと併用した人もいたようです。

少しずつ買い足しても◎

最初に準備した数に加えて、その後買い足して最終的に何枚になったかも聞いてみました。買い足した方もいれば、最初に揃えた20枚、30枚のままという方も。外出時や夜間も使用するかどうか、洗濯の頻度などによっても必

【輪おむつ】

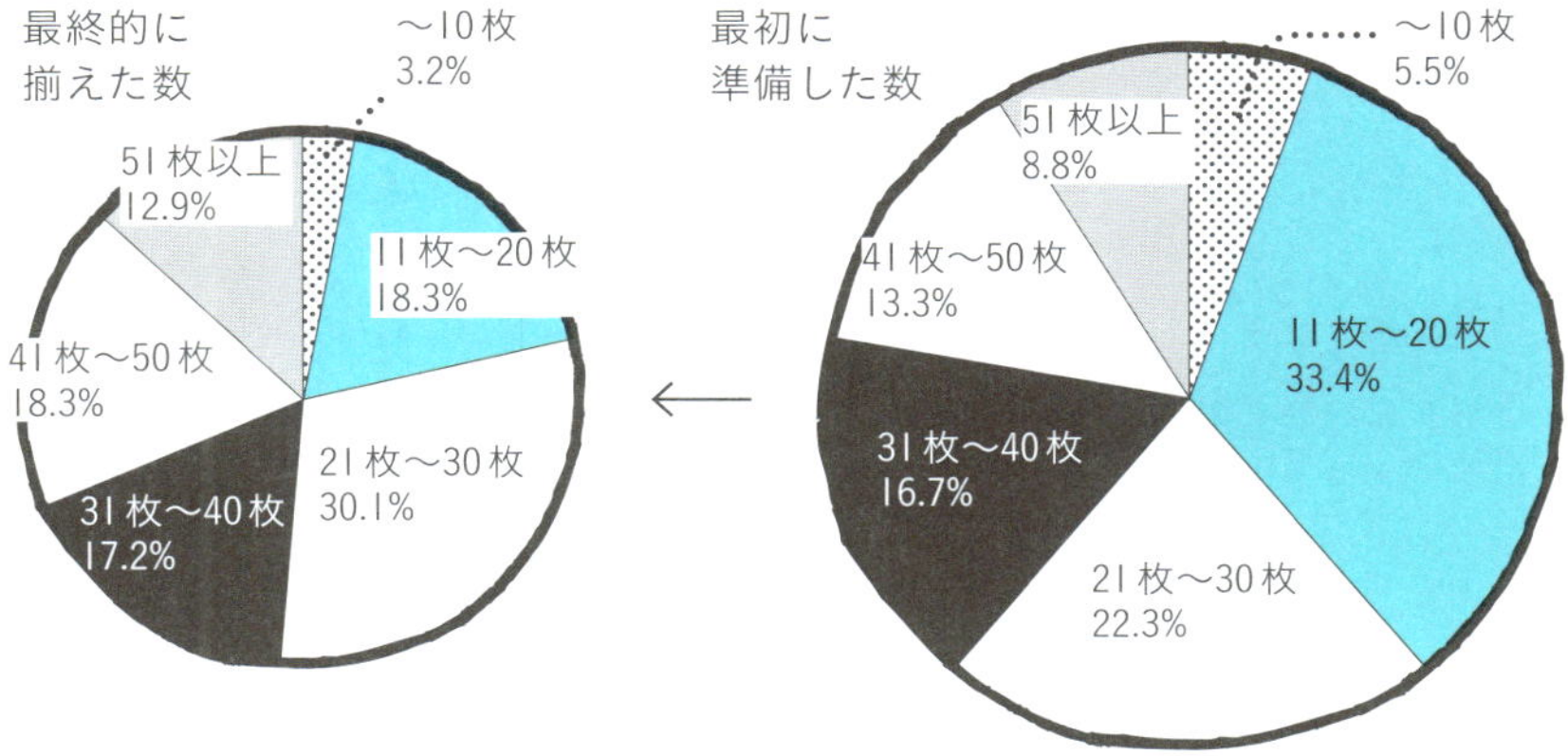

【成型おむつ】

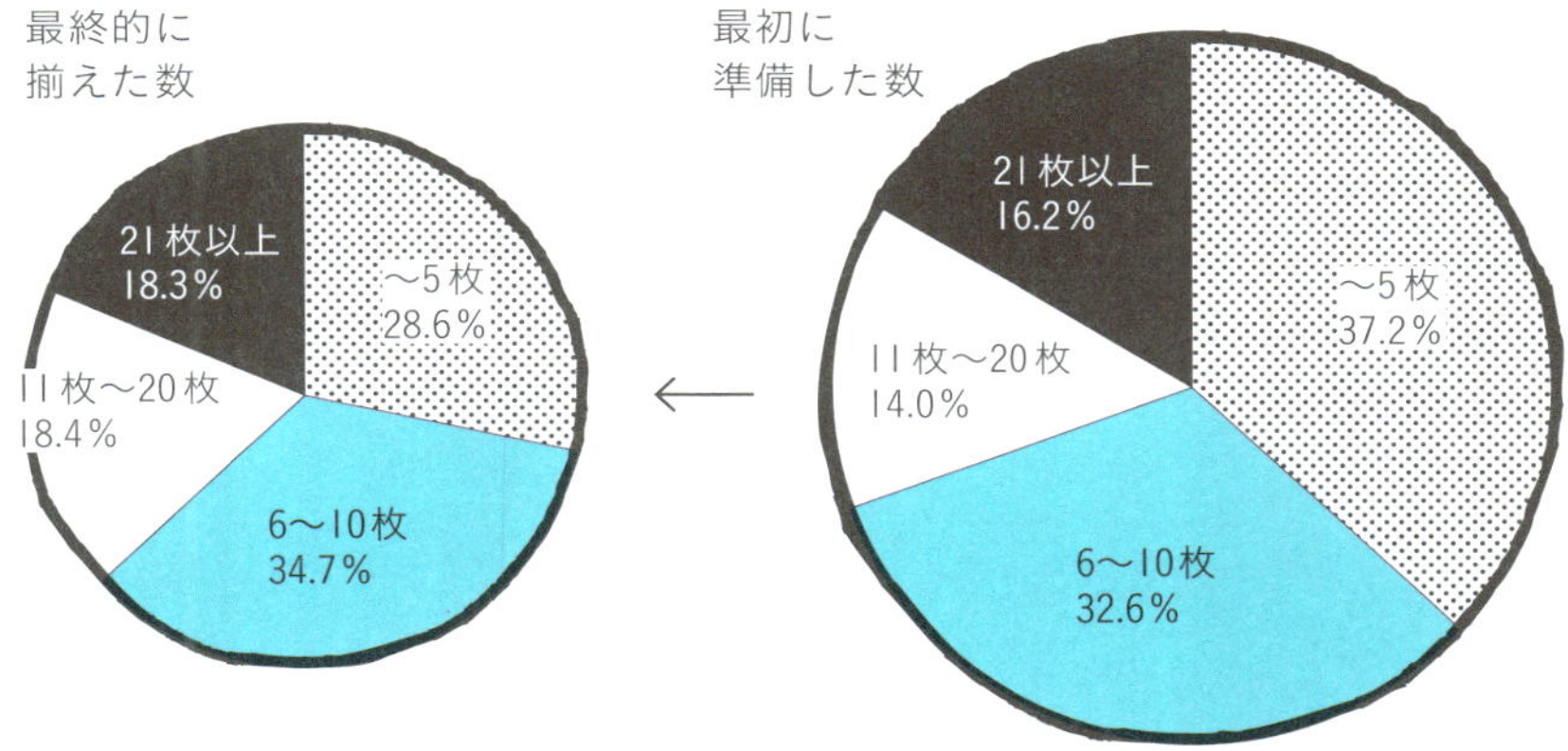

要数は変わるので、最終的な数はかなりばらつきがでましたが、最も多かったのは輪おむつで21~30枚、成型おむつで6~10枚という結果になりました。

ちなみに、布おむつを購入したお店についても聞いたところ、最も多かったのが「赤ちゃん用品専門店」、次いで「ネットショップ」の回答でした（詳しくは35ページ参照）。赤ちゃん用品専門店は、赤ちゃんが産まれると行く機会も増えますし、ネットショップなら自宅で手軽に買うことができ、買い足しのハードルは低そう。

布おむつを続けるコツは「がんばり過ぎないこと」。最初から「完璧に足りる数を用意しよう！」と考えるのではなく、自分のスタイルに合った数を少しずつ買い足していくのがいまの時代の布おむつライフに適しているというのがわかるアンケート結果でした。

じつは一番重要？おむつカバーはどんなサイズをいくつ？

最初に準備した数

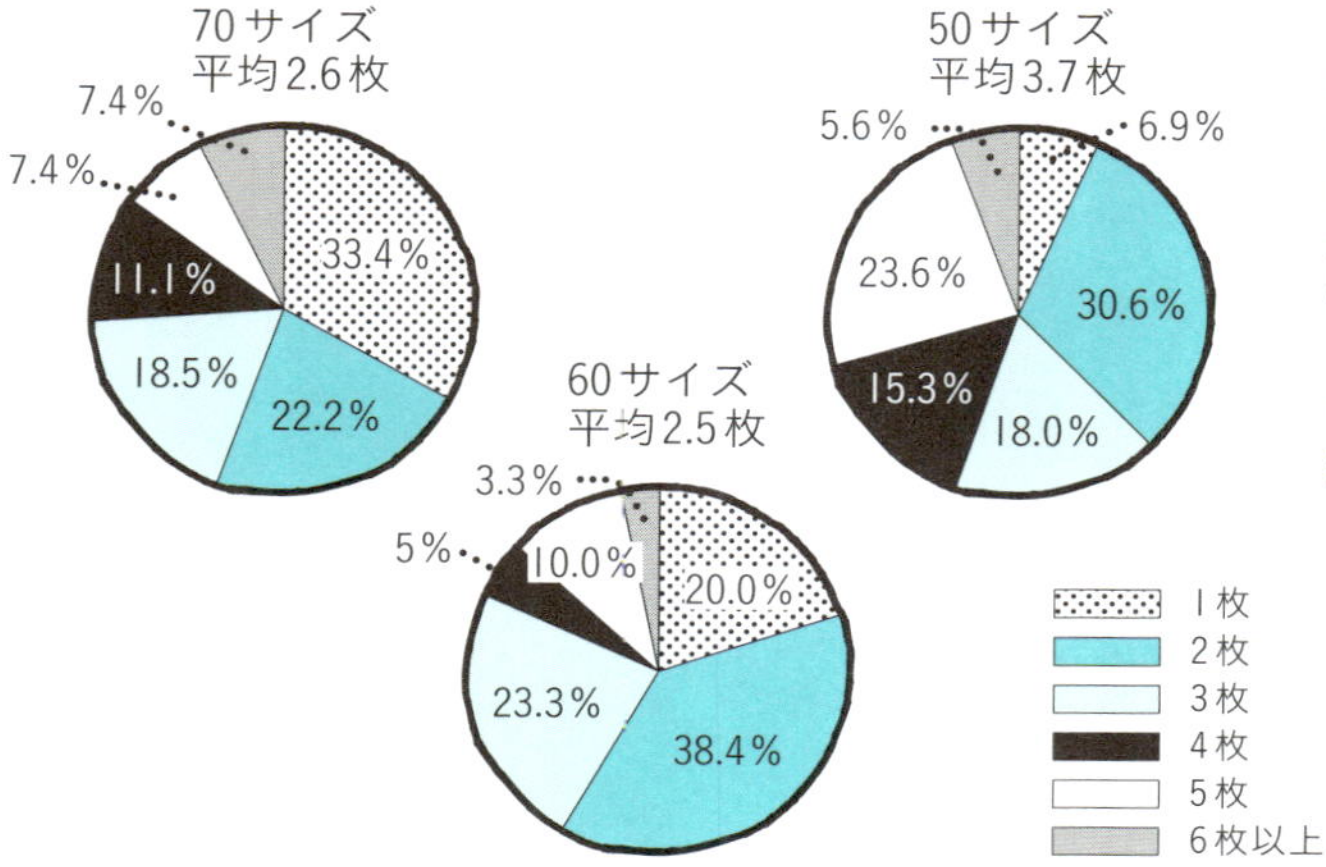

新生児期は特に少なめで

次に、おむつカバーは何枚用意したかも聞いてみました。多くの方が最初に用意する50サイズで、平均は3・7枚。おむつ交換の回数が多い時期ということを考えるとみなさん控えめな傾向です。カバーは素材やスタンスによって洗濯頻度もさまざまなので一概に言えませんが（洗濯については4章で詳しく調べています）、汚してしまったときは洗濯することになります。特に離乳食開始前は赤ちゃんが母乳しか摂取していないため、うんちもゆるい。そのためカバーを汚すことも多く、カバーごと洗う機会も多いはず。そう考えると、50サイズで3・7枚というのは全てを布おむつで、と思ったらだいぶ少なめですよね。50サイズのほか、最初に揃えたおむつカバーは3ヶ月前後から使う60サイズでは平均2・5枚、6ヶ月前後から使う70サイズでは平均2・6枚と、50サイズ同様少なめ。

この結果を見るとおむつ本体と同様に、最初は少なめに用意している方が多いことがわかります。素材や形もいろいろなので、使いながら使い勝手と赤ちゃんに合うものを見極めて買い足していくのもオススメです。もちろん、最初から20枚購入するなど、気合の入った方もいました。

買い足すのは60〜70が多め

カバーもその後買い足している人が多く、最終的に買った数はすべてのサイズを合わせると平均10・6枚。

サイズ別に見ていくと、50サイズを買い足している人は少なめ。新生児期でおむつ替えに慣れない人は紙おむつとの併用も多いということや、すぐに

最終的に買い揃えた数

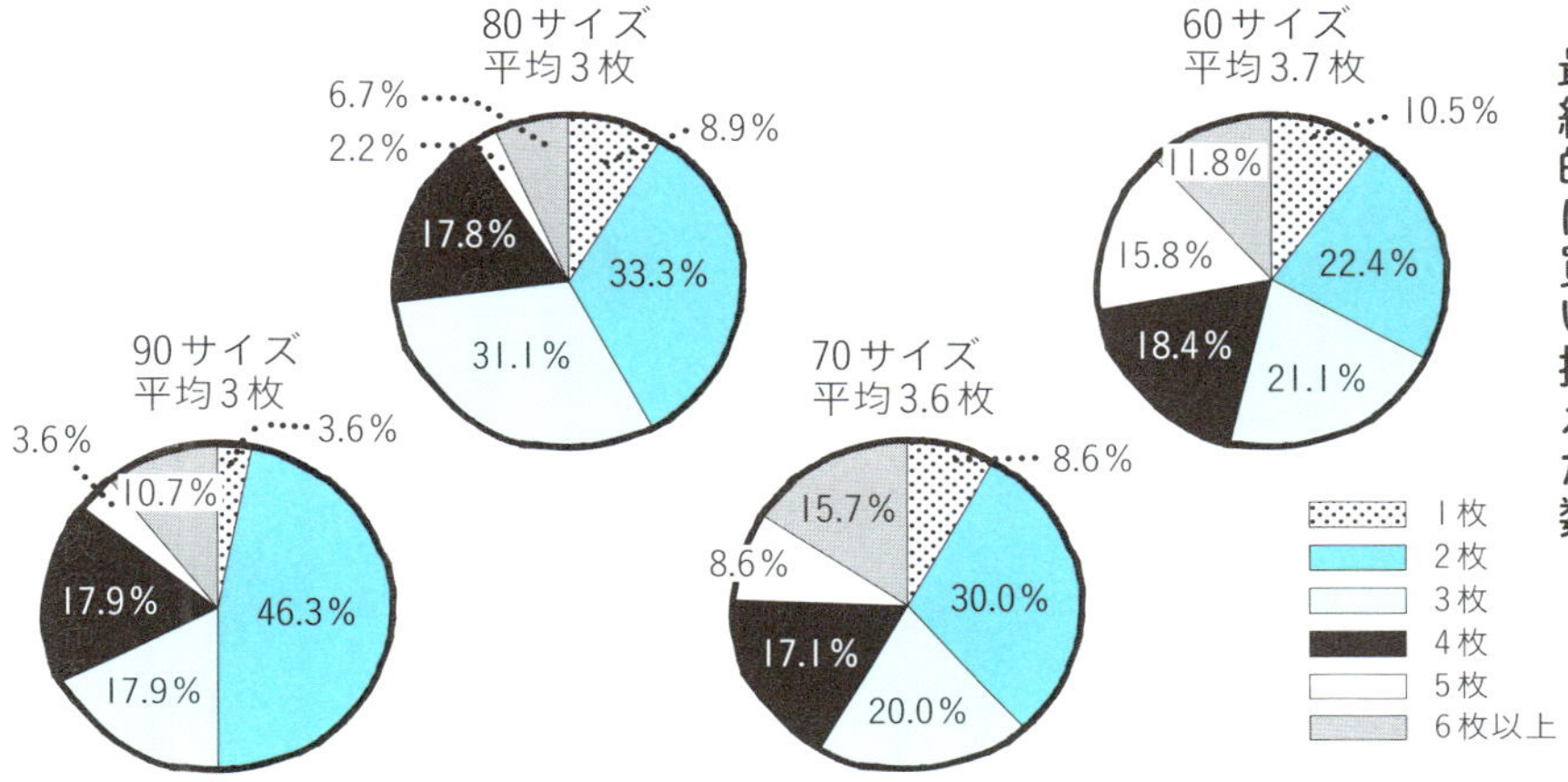

サイズアウトして使う期間が短いということなどを考えると、あまり多く揃えなくてもよさそう。60サイズ、70サイズだと最終的に買った数はそれぞれ平均3・7枚、3・6枚。布おむつにも慣れて、でもトイレトレーニングにはまだ早い、とカバーを一番使う時期なのかもしれませんね。80サイズ、90サイズでは平均3枚。おしっこの回数自体が減ったり、うんちが漏れてしまう回数が減ったりすることでカバーはむしろ少ない数でまわせるようになるかも。

●実際、いくらかかるの……？

アンケートによると布おむつ一式を揃えるのにかかったお金で一番多かったのは「5000円未満」の25％。次いで「5000円～1万円」の21％と、半数近くの人が1万円以内に収まっていました。出産前は出費の多い時期ではありますが、その後、紙おむつを買う回数が減ることなどを考えれば、初期投資としてはそれほど高くないのでは？（紙おむつとの費用比較については▼12ページ参照）

ただ2万円以上という回答も16％とそれなりの数があるとおり、素材やデザインなどにこだわっていくと、それなりの金額がかかるのも事実です。

また、購入した場所についてのアンケートでは「もらいもの」と回答した方が34％、「お下がり」と回答した方が27％とかなり多く、これは布おむつならでは。10ページで紹介したように、「布おむつをもらった」ことがきっかけになっている人も多くいます。きれいに保管できていれば、自分が赤ちゃんのときに使っていた布おむつを子どもに使うということも可能なんです。

布おむつを助けるグッズ何を買いましたか？

布おむつ本体とカバーを買っただけでは、ちょっと心もとない。なぜなら、布おむつは紙おむつにはない「洗濯」という関門があったり、おむつ交換するにもちょっと工夫が必要だったりするからです。いろんなシチュエーションで布おむつ育児を便利にする「必須アイテム」と言えるものは最初から揃えておきたいところ。ここでは、みなさんが実際に布おむつを使う中で買ったグッズを調査しました。

それをもとに、これがあれば安心という「布おむつスターターセット」の提案もしてみたので、参考にしてみてくださいね。

布おむつ本体、おむつカバーのほかに何を買いましたか？（複数回答可）

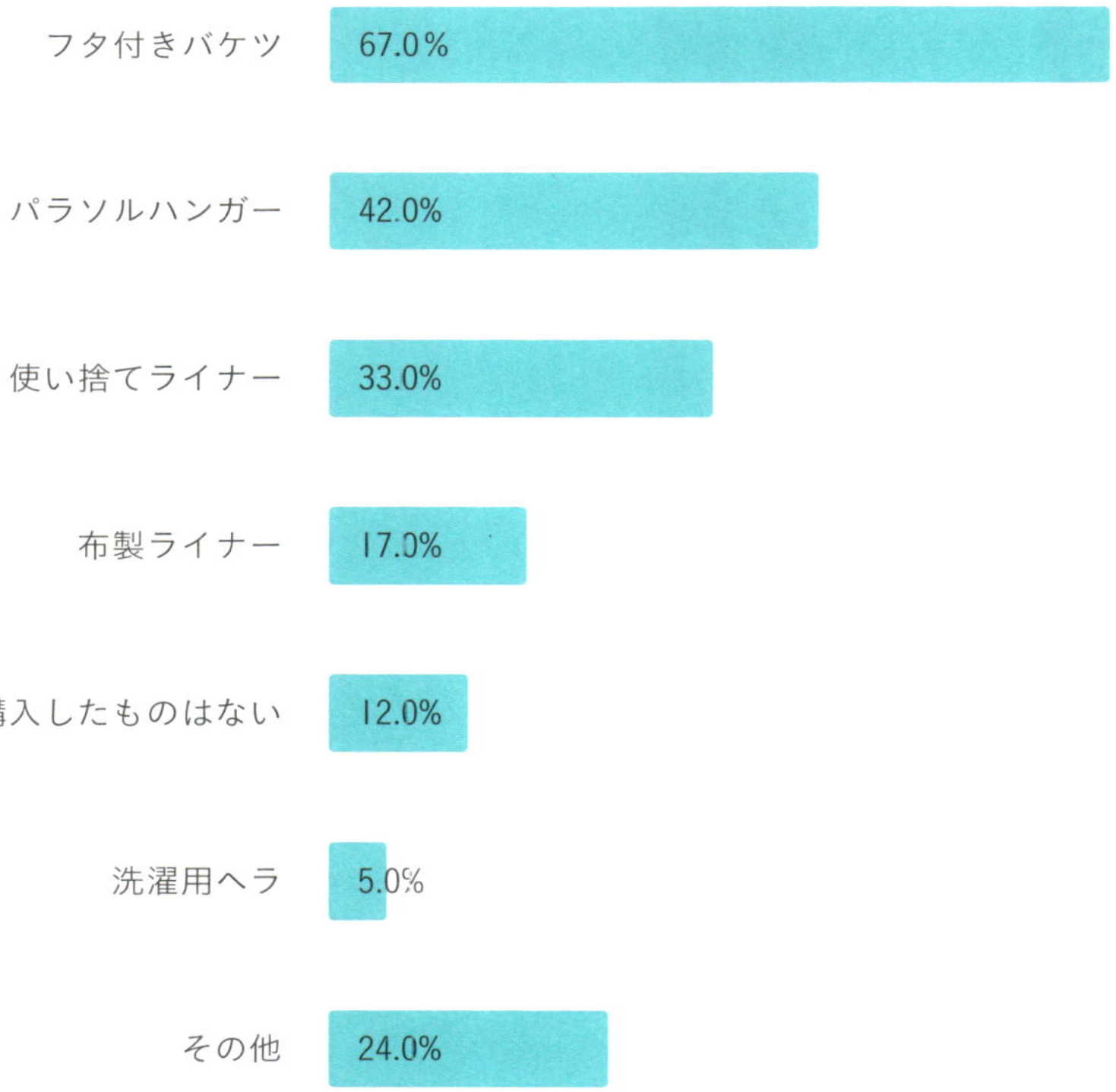

フタ付きバケツ

洗濯の前に布おむつをつけおきするためのフタ付きバケツは7割近い人が購入していて、「その他」の中にフタなしバケツを購入している人も。もともと家にあるものを使ったという人も含めると、つけおき用のバケツは必需品と言ってもいいのではないでしょうか。ちなみに、つけおきバケツを置いている場所についても聞いてみたところトイレが5・9%、お風呂場が54・1%、洗面所が43・5%でした。

パラソルハンガー

輪おむつをたくさん干すのに便利なパラソルハンガー。一度に20枚ほど干すことができ、洗濯ばさみでとめないので生地を傷めにくく、歪まずに干すことができます。風でくるくるとまわることで太陽の光をまんべんなくあてられるのも輪おむつにピッタリ。おむつを使わなくなってからもタオルなどを干すことができるので無駄になりません。

使い捨てライナー／布製ライナー

布おむつ本体の上に敷いて、うんちをキャッチして布おむつの汚れを防いだり、水分の逆戻りを防いでおしりをサラサラに保つライナー。手洗いの手間がだいぶ省ける便利グッズです。使い捨てのものは不織布などで作られていて、赤ちゃんの肌にもやさしくできていますが、「せっかくゴミを出さないようにしているのに……」「やっぱり赤ちゃんの肌にあたる部分は布がいい」、などの理由で布製のライナーを使うという声もありました。少数ですが、トイレに流せるタイプも売っています。

洗濯用ヘラ

おむつについたうんちをトイレに流すためのヘラ。うんちがゆるいときや、トイレの水圧が弱くておむつをトイレに入れて洗ってもなかなか落ちない……というときに便利なグッズで、紙おむつユーザーで使っている人も多く、布おむつ専用グッズではないので赤ちゃん用品店などで手に入りやすいものです。プラスチック製のほか、トイレに流せる紙タイプもあり！ また、牛乳パックで自作する人もいるようです。

洗濯板

手洗い用に洗濯板を用意した人はアンケートでもたくさんいました。昔ながらの大きな洗濯板だけでなく、手元で使える小さいタイプは100円ショップでも買えますし、シリコン製など、さまざまな大きさ・材質があるので使いやすいものを探してみてください。

洗濯用石鹸

洗って日光にあてただけではどうしても黄ばみが落ちないときなどは手洗い時に洗濯用石鹸を使う人も。おむつ以外に洋服についてしまった汚れも落とせるので便利です。ただ蛍光増白剤を使っている場合が多いので、気になる人は注意して。

勝手に算出！ 布おむつ スターターキット

アンケートをもとに、布おむつをスタートするときに揃えておきたいアイテムの数を算出してみました。最初はこれくらい準備しておけばひと通りは大丈夫という目安の数。ここから、少しずつ買い足すという方法が気楽でおすすめです。

1 輪おむつ　30枚

夜間、外出時は使用しないならこれくらいでOK。「夜もやってみよう！」と思ったら買い足しても。

2 おむつカバー 50／60サイズ　各3枚

産後すぐは紙おむつに頼ることも多く、すぐサイズアウトしやすい50、60サイズは控えめがベター。70サイズ以降は、気に入った素材のものを買い足しでOK！

3 フタ付きバケツ　1個

つけおきするなら必須。水とおむつで重くなるので、小さいものを複数用意するというのも便利です。

4 パラソルハンガー　1個

布おむつ以外にも使えるので買っておいて損はありません。場所をとるので干すスペースを考慮して。

5 アルカリウォッシュ or 重曹

つけおきをするときに使う人が多いようです。ドラッグストアや100円ショップなどで購入可能で、布おむつ以外の洗濯や掃除にも使えます。

column 1

こんなところで買っています

布おむつ、みんなどこで買っているんだろう？　と思う方はきっと多いことと思います。

アンケートでも多かったのは「アカチャンホンポ」や「西松屋」、「ベビザラス」などの赤ちゃん用品店。意外と豊富な種類の布おむつ、カバーが並んでいます。「ベルメゾン」などの大手通販サイトでも一部、取扱いがあるので、ベビー服と合わせて買うのに便利です。

そのほか、アンケートで多かったのはネットショップで購入したという声でした。「エンゼル」、「ニシキ」、「シンク・ビー」といった、布おむつやベビー用品を作っているメーカーの通販サイトのほか、布ナプキンも扱うお店、海外のおむつカバーを多く扱うお店、手作りのおむつカバー専門店など、ネットショップといっても多種多様。一部をご紹介しますので、みなさんもお気に入りショップを探してみてください。

【総合ベビー用品店】
アカチャンホンポ　🏬　💻
http://www.akachan.jp/
西松屋　🏬　💻
http://www.24028.jp/
ベビザラス　🏬　💻
http://www.toysrus.co.jp/

【ネットショップ】
ベルメゾン　💻
http://www.bellemaison.jp/
Garland（ガーランド）　💻
http://garland-shop.jp/
アンジーナジャパン　💻
http://www.ange-na-japan.com/
Dream Nappies　💻
http://www.dreamnappies.com/
ミルキーウェイ　💻
http://milkyway-amanogawa.com/

【メーカー】
エンゼル　🏬　💻
http://www.baby-angel.net/
ニシキ　🏬　💻
http://www.nishiki-ch.co.jp/chuckle/
シンク・ビー　🏬　💻
http://www.think-b.jp/
メイド・イン・アース　🏬　💻
http://www.made-in-earth.co.jp/
モンベル　🏬　💻
https://www.montbell.jp/
kucca　🏬　💻
http://www.kucca.jp/
kotori works　💻
http://nunonap.com/
Estlance　💻
http://www.estlance.jp/
Baby Hearts　💻
http://www.babyhearts.jp/

【ハンドメイド】
布おむつ本舗　💻
http://www.nunoomutsu-honpo.jp/
HUG&KISS　💻
http://hugandkissbaby.cart.fc2.com/
笑うお尻　💻
http://warau-osiri.shop-pro.jp/

🏬＝実店舗・取扱い店舗あり
💻＝オンラインショップ

あるある、ほっこり 布おむつの思い出

布おむつユーザーだからこそわかる、
「あるある！」な出来事や、
心温まるほっこりエピソードを集めました

お茶などをこぼしたら、きれいな布おむつでふいていた。

（Tさん／42歳／滋賀県）


冬場や雨の日はおむつがなかなか乾かず、部屋干しのおむつだらけになりました。おむつを干す際に使うパラソルハンガーが赤ちゃんのお気に入りで、おむつをなびかせて赤ちゃんと遊びながら干すと喜びました。

（Oさん／35歳／東京都）


洗濯して干したときの眺めが壮観＆気持ちいいのがクセになりますね。

（Tさん／39歳／東京都）


紙おむつだけの育児だと、ストックがなくなったときにすごく焦るだろうけれど、家に布おむつがあると、とりあえずはなんとかなるのがよいところ。

（Oさん／42歳／東京都）


うんちをした際の処理を楽にするため、通常布おむつの上にガーゼを敷いているのですが、「いまの時間は大丈夫だろう」と思ってガーゼをしていないときにかぎってうんちをしてしまいます……。

（Tさん／35歳／東京都）

パラソルハンガーで布おむつを干していたら、ご年配の方に声をかけていただいて、育児をねぎらってもらいました。

（Hさん／35歳／長崎県）


育児が大変で洗濯ものをたたみながら涙がこぼれたときのこと。とっさにオムツでふいたら、すごくよく吸ってくれて、これなら肌にもやさしいわ、と実感しておかしかった。

（Sさん／42歳／埼玉県）


歩けるようになってから、布おむつとおしっこの重みでおしりが半分出ていたことがありました……。

（Oさん／43歳／東京都）


カゴに入れて収納しているおむつとカバーは娘のお気に入りの玩具。しまおうとすると寄ってきて中からポイポイ放り出したり、カバーのテープで遊んだりしています。

（Mさん／32歳／奈良県）


手洗いをするので、食べたものがよくわかる。そのままの形で出てくるのを発見することもたびたび！

なんでも口に入れてしまう月齢の頃のこと。毎日のように砂や土を食べていた次女の布おむつを洗っていると、砂利が水に沈殿していました。ちゃんと出てくるんだ〜と感心しました（笑）。

（Uさん／34歳／岡山県）


布おむつを使うとおしりがもっこりするので、歩くときあひるみたいでかわいい！

（Sさん／32歳／神奈川県）

column 2

自作もできる、布おむつ

布おむつは、自作することもできます。

アンケートでは、布おむつやおむつカバーを自作したことがあると答えた方は3割ほどいました。理由は「節約したかったから」「家にある材料で作れそうだったから」「手芸が好きだから」など。

輪おむつならば、おむつ用の反物や、さらしなどの布を使って布を輪っか状に縫いとめるだけ。赤ちゃんの肌に縫い目があたらないよう少しコツがありますが、インターネットや書籍で縫い方を調べることもできます。ちなみに、アンケートで自作の際に何を参考にしたかを聞いたところ、「親や親戚、友人・知人に教わった」が最多でした。布おむつの基本的なことは昔からかわらないことも多いので、自分のお母さんなどに聞きながら作る人が多かったようです。

また、成型おむつを作ることも可能です。布ナプキンを自作する方も多いですが、作り方は同じ。タオルなどを間に挟んで吸収力を高くしたり、手芸店などで売っている防水布を使うという方法もあります。

そして布おむつならではなのが、手作りのおむつカバー。自作した理由に「既成品に気に入ったデザインがないから」「よりかわいいものがほしかったから」との回答があったように、自分で作れば、自分の好きな布を使うことができます。赤ちゃんに合うサイズのおむつカバーになかなか出会えない、という方にも自作はおすすめ。自分で作れば、赤ちゃんのサイズにぴったり合わせることも可能です。

おむつカバーの作り方は、『布おむつで育ててみよう』（アズマカナコ著／文芸社）や、『新米ママもらくらく作れる かわいいベビーグッズ』（主婦と生活社）などに載っています。カバーは立体的なもので初心者向けではありませんが、手芸が好きだったり、興味がある人はぜひ自分好みのおむつカバーを作ってみてくださいね。

3

いよいよ実践

準備が整ったら、あとは実践あるのみ。布おむつに触るのは初めて、何から何までわからない！　という方のために手順に沿って細かく、実践方法をご紹介します。

赤ちゃんがやってきた

出産予定日の少し前に、
無事に第1子である女の子を出産したSさん。
赤ちゃんの名前はAちゃん。
2600グラム、ちょっとだけ小さめだけれど元気な赤ちゃんです。
早速足をバタバタさせて元気いっぱい！
これからよろしくね。

産後は3日間、産院で過ごしてあっという間に退院です。
旦那さんの待つ自宅に戻り、三人家族の生活が始まります。
産院で教えてもらったおむつ替えを思い出し、
四苦八苦しながらやっています。
紙おむつでも慣れるまでは結構大変だな……。
毎日「かわいい、かわいい」って過ごすのかと思っていたけど、
実際は、Aちゃんは泣き止まないし、
産後の体はボロボロだし、思った以上に大変な毎日……。

「大変だけど、せっかく買ってある
布おむつもやってみようかな」
何もかも初めてなんだから、
布おむつもいまのうちに始めちゃったほうがいいかもしれない。
産院では紙おむつを使っていたので、
退院して初めて使う布おむつです。

「産前にお人形で練習してみたけど……
こ、これでいいのかな？　どうかな」
旦那さんに聞いてみても「わ、わかんないよ……」。
ちょっと布がよれちゃった！
手間取っているとAちゃんが泣き出します。
「ごめんね、ちょっと待ってね！　よし、これでできた！」
ほっとしてふと見てみると、
このもこもこに膨らんだおしりが、かわいい！
旦那さんも「うん、Aちゃんは何をつけてもかわいいね！」
だって。
Aちゃんの顔を眺めながらひと息ついてると、
ありゃ、うんちしちゃった。
交換、うまくできるかな？　なんて思っていたのに、
考える暇もなく次の作業はやってきます。
「ちょっとバケツ持ってきて！
わわ、Aちゃん動かないで〜！」
布おむつ生活、始まったとたんバタバタです。
でも最初は面倒臭がっていた旦那さんも、
Aちゃんのことならなんでもやりたいみたい。
大変だろうと思ってた布おむつ、案外楽しくなってきた。

布おむつの実践準備

さあ、いよいよ布おむつを使い始めます。
いつから使うの？　１日中布おむつでいいの？
どうやって赤ちゃんにあてるの？
まずは基本的なことから、先輩たちの例を見てみましょう。

いつから、どんなときに使う？

布おむつ、何ヶ月から始める？

アンケートで「いつから布おむつを使い始めましたか？」と聞いたところ、最も多かったのが第１子が０ヶ月のときからという答え。産後で大変ではあるけれど０ヶ月の頃は外出もほとんどなく家でのお世話が中心ということもあり、初めてのことだらけのうちに挑戦するのもよさそうです。産前から布おむつの準備をして、生まれてすぐに布おむつを使う、助産院で布おむつを使っていて自宅に戻っても布おむつを使う、里帰りのうちに自分のお母さんに使い方を教えてもらうなど、いろいろなパターンがありました。

次に多かったのが６ヶ月頃から始めたという答え。産後の不安が多い方は、赤ちゃんとの生活に慣れた頃から始めるのもいいかもしれません。

「全部布おむつ」じゃなくてもいい

布おむつの話をするとよく聞かれるのが「夜はどうしてるの？」「外出するとき大変じゃない？」といった声。「夜間」と「外出時」が布おむつ利用のネックになっているようです。でも、布おむつを使うからって、１００％布おむつにしなくてはいけないわけではありません。紙おむつを使うことがあってももちろんいいんです。

ここでは、布おむつユーザーの方たちが、どんなバランスで布おむつと紙おむつを使い分けているか聞いてみました。

布おむつと紙おむつの使用バランス

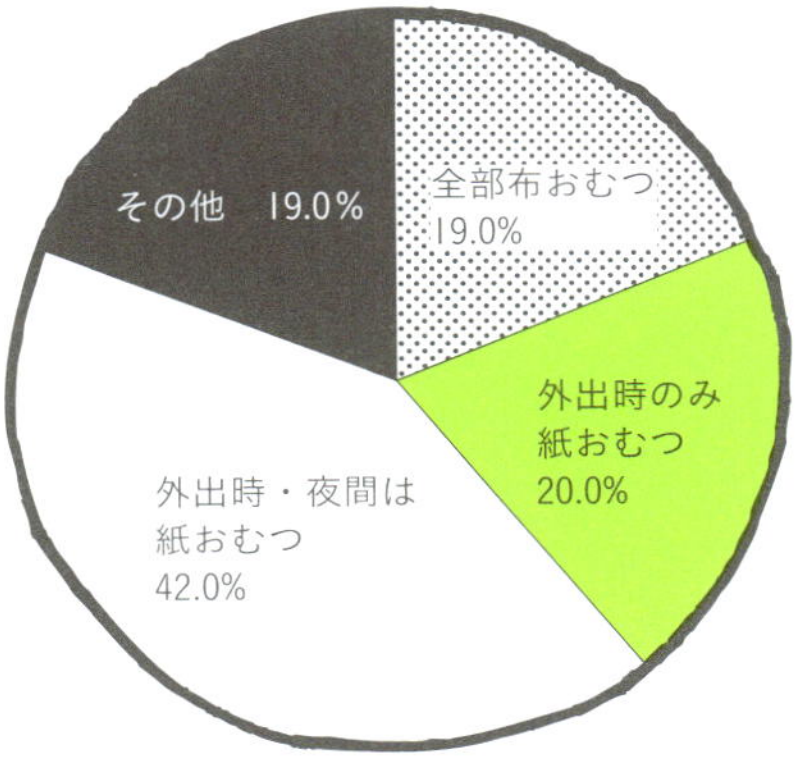

アンケートの結果、「全部布おむつ」との回答は全体の20％以下。多くの方が紙おむつ併用スタイルです。無理をしないことが布おむつを続けるポイントというのがよくわかる結果でした。

タイプ1　全部布おむつ

ちょっと大変だけど、「慣れれば大丈夫！」という声も。

タイプ2　家では布おむつ、外出時は紙おむつ

子連れ外出は荷物も多く、おむつ替えの場所を探すのもひと苦労。その負担を紙おむつで軽減するというタイプ。「短い時間なら布おむつ」など、行き先によって臨機応変に変えている方も。

タイプ3　外出時&夜間は紙おむつ

夜間の布おむつのお世話は紙おむつに比べて大変です。家にいる日中だけ布おむつというタイプ。

こんなときは紙おむつ！

アンケートではそのほかにも「こんなときは紙おむつにしちゃおう」という声も聞くことができました。

たとえば、自分の体調が悪いときは紙おむつにしちゃいましょう。少しおむつ交換の回数が減るだけでも助かるものです。「今日はなんだかやる気が出ない」という日も紙おむつにしちゃったって、いいんです。それから洗濯ものが乾かないとき。家中物干しだらけになるのも大変。乾かなかったら紙おむつ、使いましょう。

紙おむつに比べるとおむつ交換の回数も多く、処理もちょっと大変な布おむつ。「無理しない！」を合言葉にしていきましょう。

布おむつのあて方

布おむつは、布おむつ本体を、おむつカバーで包んで
赤ちゃんにあてて使います。そのとき、成型おむつは
そのままで使えますが、輪おむつは折りたたまないといけません。
その折り方も、人それぞれ！
みなさんはどんな折り方をしているのでしょうか？

布おむつ、どうやって赤ちゃんにあてるの？

広げると1枚の布である輪おむつは、折りたたんで赤ちゃんにあてるということはわかるけれど「どうやって折るの？ 決まりはあるの？」と悩む方も多いところ。アンケートでは、みなさんがどんなふうに折っていたかを聞いてみました。

折り方は人それぞれ、工夫をする人も多いので「その他」の回答も多かったものの、7割以上の人が「タテ半分に折ってから2つ折り」と回答。次いで「2枚使って三角折り」「2枚使って土手を作る」と続きました。月齢によって折り方を変えた方も多いようです。ここでは、回答の多い順にそれぞれの折り方を解説していきます。

輪おむつはどのように折って使っていましたか？（複数回答可）

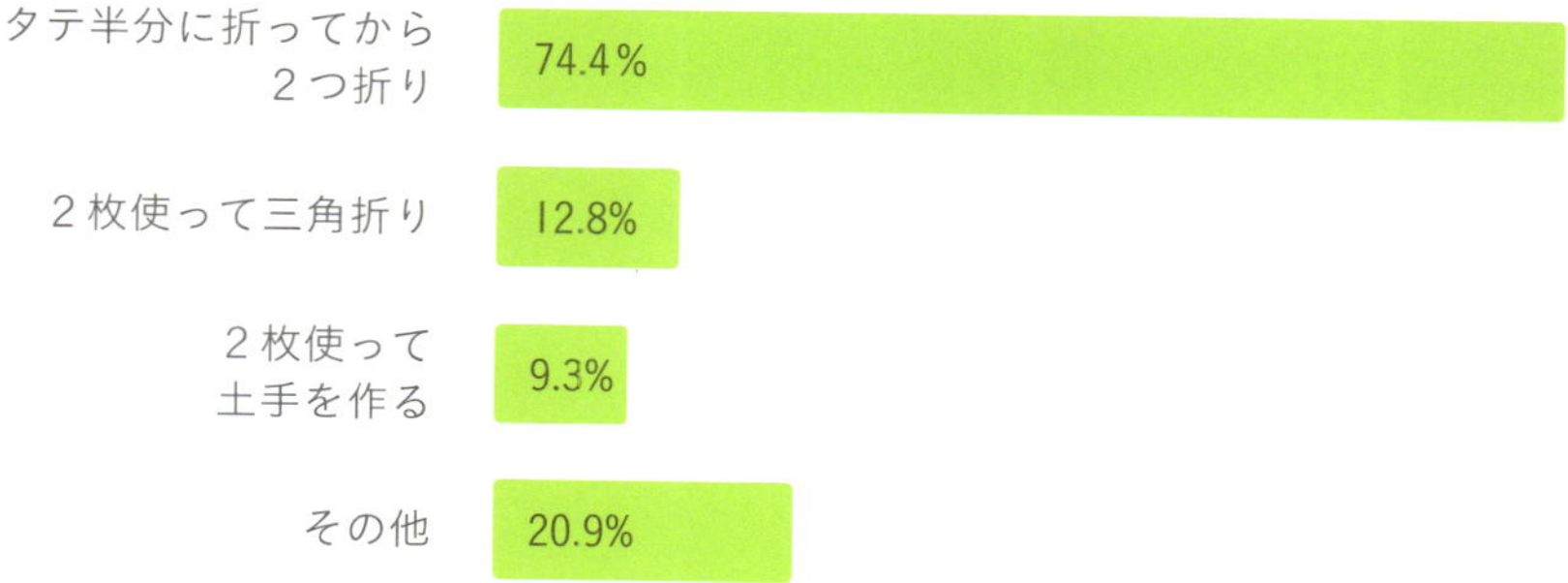

タテ半分に折ってから2つ折り

簡単で、赤ちゃんの体型に応じて柔軟に対応しやすい最も基本的な折り方。大きくなっておしっこの量が増えたら２枚重ね、３枚重ねもしやすいです。

1 輪おむつを広げる

2 タテ半分に折る

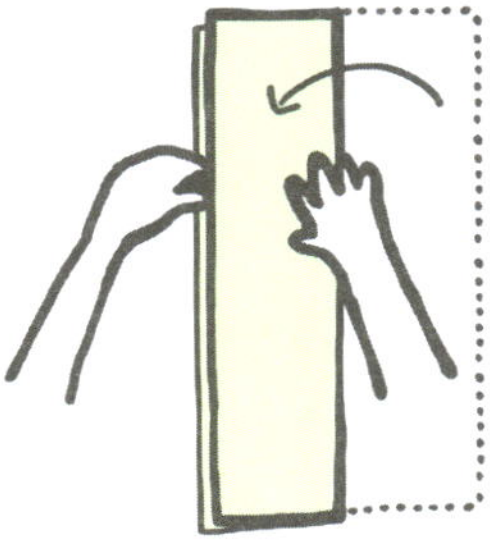

3 さらに２つ折りにする

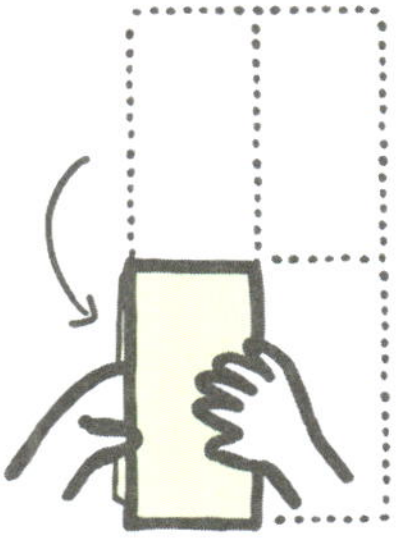

4 おむつカバーの上にのせる

男の子は前側、女の子は後ろ側におしっこが流れやすいので、それぞれ厚めに折り返すのも◎

5 赤ちゃんの腰のあたりにベルトが来るように、おむつの上に赤ちゃんをのせる

6 おむつをおなかの上に返し、カバーでとめる。輪おむつが余る場合は折り返してカバーに収める

2枚使って三角折り

2枚使ってギャザーのように仕立てるので
うんち漏れに強く、おむつが赤ちゃんに
しっかりとまって安定感のある折り方。
うんちだけのときは上の1枚を替えればOK。

1 1枚をタテ半分に折ってから2つ折りにする

2 もう1枚を広げて、中心に向かって対角線上に折り、三角形にする

洗濯のあと、たたむときに「三角」と①の「4つ折り」をそれぞれ作っておくと便利！

3 三角形の輪おむつの上に、4つ折りにした①の輪おむつをのせる

4 おむつカバーにのせる

5 赤ちゃんをのせ、上にある輪おむつをおなかの上に返し、三角形の両側を中心に持ってくる

6 おむつカバーに三角系の部分がカバーからはみ出るので、指で押し込んでギャザーのようにする

上に乗せる輪おむつを成型おむつにして、吸収力アップという方法も！

2枚使って土手を作る

三角折り同様、うんち漏れを防ぐ折り方。
土手の部分をカバーに入れ込むことで
しっかりしたギャザーが作れる。
これなら横漏れはほぼ防止できる。

1 半分に折った輪おむつの上に、4つ折りにした輪おむつをのせる

2 はみ出た部分を内側に折り、半分を外側に折る

3 おむつカバーにのせる

4 赤ちゃんをのせ、土手をギャザーのようにおしりに沿わせておなかの上に返し、カバーをとめる

おむつの折り方は千差万別

ここで紹介した3つの折り方は基本的なものですが、ほかにも折り方はたくさんあります。

アンケートでは「タテ半分に折ってから3つ折り」の声も多く、特に低月齢期は長さが余りがちなので、3つ折りや重ね折りにするなどはみ出ないように工夫している方も多くいるようでした。また、成型おむつと輪おむつを重ねて使うという声も。特に夜間など、おしっこの量が増えるときは吸収力アップのアイデアが必要です。

赤ちゃんの体型やタイプによって折り方は千差万別。紹介した折り方を実践している方もみなさん、細かな工夫をされています。赤ちゃんとの生活の中で、ピッタリの折り方を見つけましょう。

何枚使う？ 月齢別の布おむつ事情

布おむつは重ねて使っていましたか？

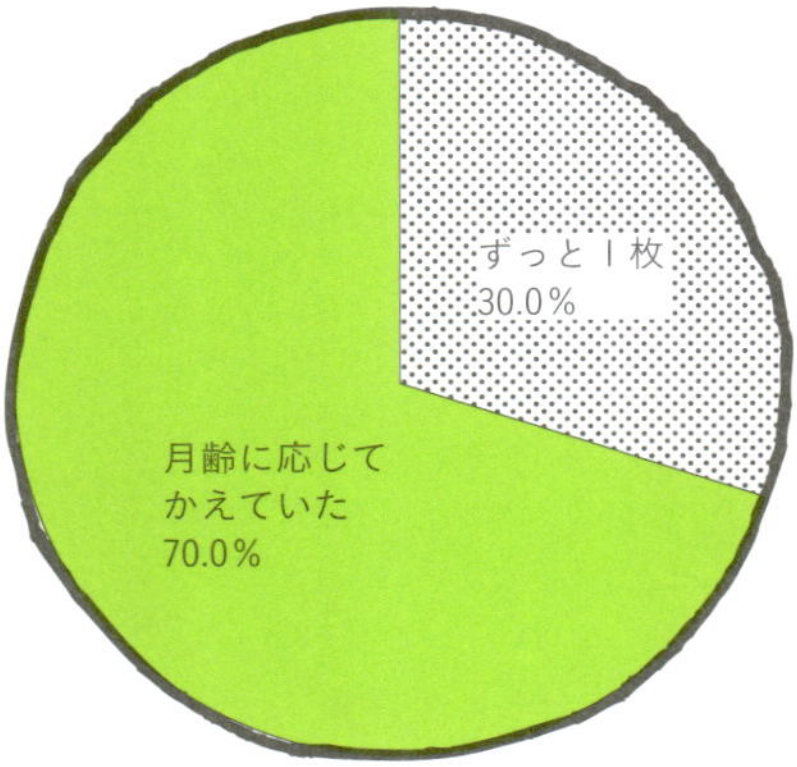

●月齢に応じて重ね使い

輪おむつは1枚だと吸収力があまり高くなく、びっしょり濡れてしまったり、カバーまで濡らしてしまうことも。そのため、2枚、3枚重ねで使う方も少なくありません。

アンケートではおしっこの量が増えるのにともない「月齢に応じてかえていた」という回答が約7割。それでは、何ヶ月のときに何枚使っていたのでしょうか？ 細かくアンケートで聞いてみました。赤ちゃんによっておしっこの量や回数に違いもあるので一概には言えませんが、目安になりそうです。

ちなみに、成型おむつは輪おむつに比べて吸収力が高いため1枚で使用する人が多いようですが、夜間など重ねて使う人も。また、輪おむつに成型おむつを重ねるといったアイデアもあります。ここでは、重ねて使用する人が多い輪おむつについてまとめました。

●この月齢では何枚重ね？

アンケートでは、7割の方が「月齢に応じてかえていた」つまり重ねて使っていた時期もあると回答。

そこで、「月齢に応じてかえていた」と回答した方にはさらに細かく、月齢ごとに何枚重ねて使っていたかを聞いてみました。

まず新生児から3ヶ月まででは、80%近くの方が「1枚」と回答。この頃は一度のおしっこの量が少ないので、交換回数は多いけれど輪おむつ1枚で吸収量が足りなくなるということはほとんどなさそうです。「新生児の頃は輪おむつを半分に切って使っていた」という方もいるほどでした。

3～6ヶ月になると「2枚重ね」と

の回答がだいぶ増え、「1枚」と「2枚重ね」が半々くらいに。さらに6〜12ヶ月になると「1枚」と「2枚重ね」が逆転。この頃になると、一度のおしっこの量を1枚の輪おむつでは受け止めきれなくなってくるようです。

その後、月齢ごとに枚数が増えるのかと思いきや、アンケートで聞いた最後まで一番多かったのは「2枚重ね」という回答でした。12ヶ月以降「3枚重ね」という回答も少しずつ増えてはいるのですが、5%未満。3枚重ねると吸収力はかなりアップしますが、どうしてもかさばってしまい、カバーをつけるのも大変です。赤ちゃん自身にとっても動きづらいので、3枚以上は夜のみという方が多いようでした。月齢が大きくなって「その他・無回答」が増えるのは「おむつが外れた」という方が多いためです。

輪おむつは何枚使っていましたか？

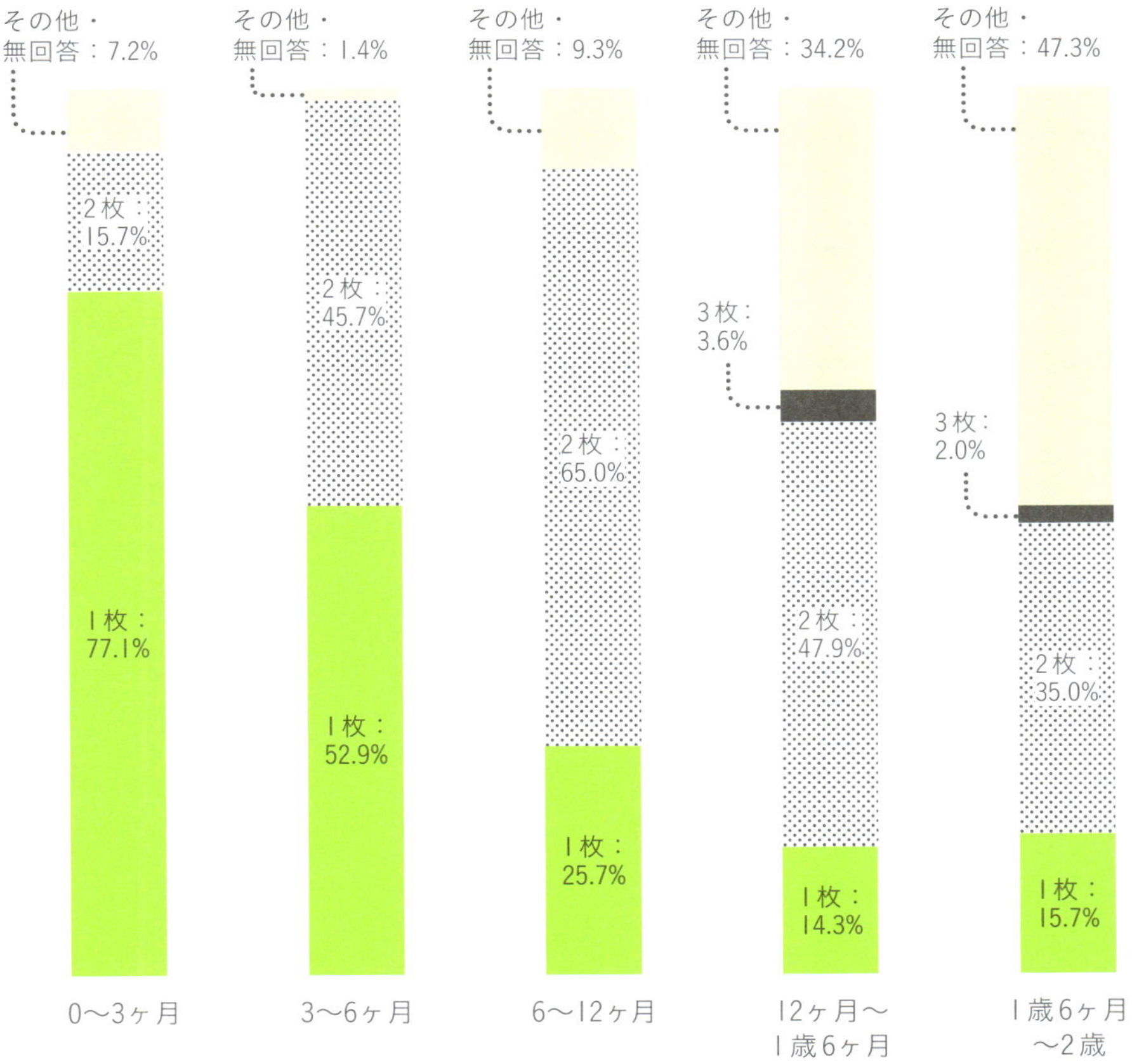

布おむつの交換

大変そう、と思われがちな布おむつの交換。
毎日、何度もあることなので効率よく進めたい！
コツは、事前にしっかり準備して、手早く交換するということ。
布おむつユーザーの「布おむつ交換のワザ」をまとめました

布おむつ交換の基本

布おむつ交換は、「新しいおむつを準備し→赤ちゃんの下に新しいおむつを敷いて→赤ちゃんのおしりをふいて→新しいおむつをあてて汚れたおむつを片付ける」というのが基本の流れです。

交換についてまとめる前に「パートナーは布おむつの交換をしていましたか？」という質問をしてみました。結果は、6割近くの方が「抵抗なくしていた」との回答。紙おむつに比べて煩雑で人によっては抵抗のある布おむつですが、やはり一緒にがんばってくれる人がいるとやる気がでますよね。

交換については、アンケートでいろいろなアイデアが出てきたので、細かく手順に沿ってまとめてみました。

配偶者・パートナーの方は布おむつの交換をしていましたか？

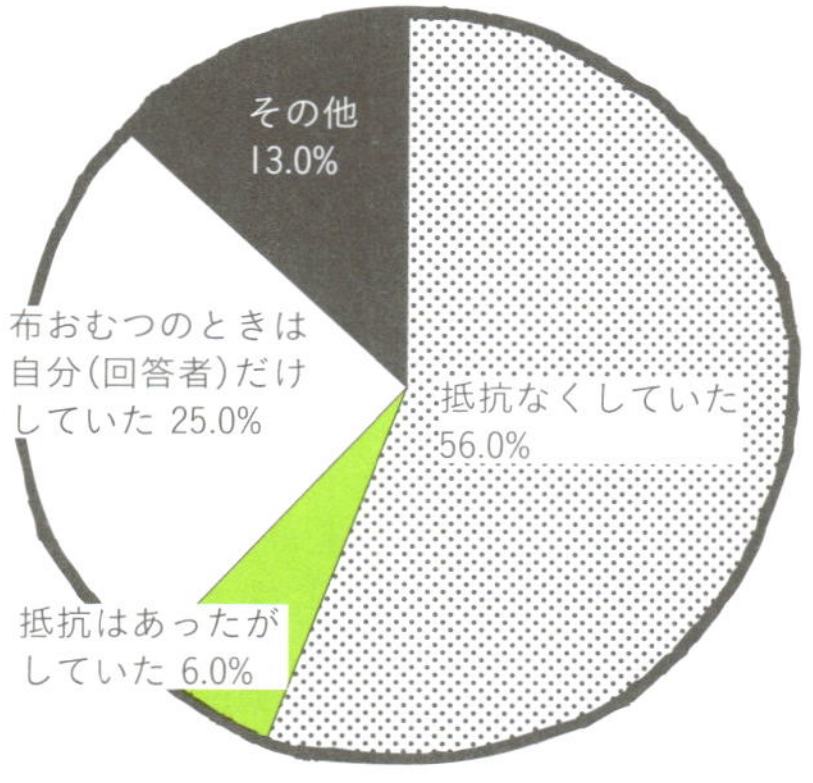

ステップ1

布おむつ交換のタイミング

布おむつの交換場所

布おむつの交換場所は、リビングで、水場に近い部屋で、ベビーベッドで、とライフスタイルによってさまざま。赤ちゃんの下におむつ替えシート（布製や防水加工済、使い捨てのペット用など）を敷く人もいます。赤ちゃんを立たせておむつ替えをするパンツタイプになると、所構わずという感じに。

交換のタイミング

赤ちゃんがおしっこをしたら交換のタイミング。といっても、紙おむつのように「ラインが色づいたら交換のサイン」といったものはありません。うんちなら音やにおいでわかることもありますが、おしっこはわかりづらいので、濡れているかどうかを指でチェックします。おむつの間から指を入れて少し触ってみましょう。

チェックのタイミングは赤ちゃんの月齢や体質によって違います。同じ月齢の子でも、30分おきにおしっこをする子もいれば、1時間以上しない子もいます。赤ちゃんとの生活の中でだんだん見えてくるものなので、始めはこまめにチェックして、濡れたままにならないように気をつけましょう。

交換はカバーごと？

カバー自体は、うんちがついてしまって汚れたとき以外は必ずしも替えなくても構いません。汚れてない場合、おむつ交換時にカバーも替えるかどうかはアンケートでも回答が二分されました。カバーは置いたまま、汚れたおむつを外して新しいおむつをあてる人と、カバーに新しいおむつをのせて紙おむつのような状態にセットしたものを、まるごと替えるという人の2パターンが多いようです。

交換したいけど、寝ているとき

低月齢期の赤ちゃんは寝ている時間が長く、おむつ替えしたいときに寝ていることも多々あります。中にはおむつが濡れると気になって起きてしまう赤ちゃんもいますが、再び寝入るのに時間がかかりそうだったら起こしてまで替えず、おむつ替えシートや防水シートを敷き入れて、漏れ対策だけするという方法も。ただ、おむつかぶれが気になるときなどはあまり長くつけたままにしないほうがよいでしょう。

ステップ2
新しいおむつを準備する

おむつはあらかじめセット

布おむつを交換するとき、多くの方が最初にするのが新しいおむつのセット。カバーごと交換するときは、おむつカバーに布おむつ(輪おむつでも、成型おむつでも)をのせた形にします。2枚重ねにしている人や、三角折りなど特殊な折り方をしている人は、布おむつをしまっておく段階で折ってあわせておくと、使いたいときにササッと取り出せます。

常にカバーに布おむつをセットした状態でいくつか用意しておいても。交換したらまた新しいセットをひとつ用意する、というルーティーンの方もいます。

よれないように丁寧に

気をつけたいのは、よれないようにまっすぐ、おむつを広い面で赤ちゃんにあてられるようにしておくこと。よれてしまうと、うんちをうまくキャッチできず、漏れの原因になってしまいます。

うんちだけをキャッチする便利なライナーもあります。使う場合も、このときに一緒にセットしますが、素材が薄く、よれやすいので注意しましょう。

トレイやビニールを準備

交換時、一時的に汚れた布おむつをどこかに置いておく必要があります。カバーごとではなく、布おむつだけを交換する場合は布おむつ全体が湿っていたり汚れていたりするので、簡単に床に置けません。一時置き場としてトレーやビニールを用意しましょう。アンケートでは、直接つけおきバケツに入れるという方もいました。バケツのおき場所とおむつ交換場所が近い場合は、バケツを近くに持って来ておむつ替えという方法もあります。

新しいおむつはいつおしりに? 一番多いのは?

赤ちゃんのおしりをふいている間に、下に新しいおむつを敷いておくという方も多く、新しいおむつを敷くタイミングはそれぞれ。

ただ、汚れているおしりをふく前に急いで新しいおむつをセットしてしまうと、また汚れがついてしまうこともあります。赤ちゃんの足を上手に持っておく、先にさっと汚れだけふくなど工夫しましょう。

ステップ3

赤ちゃんのおしりをふく

汚れをふく

赤ちゃんの足を合わせて持ち上げて、おしりふきで汚れをふいてあげましょう。そのとき、片足だけを持ったり、足を伸ばしたまま持ったりすると、赤ちゃんの股関節に負担がかかってよくないので、両足を合わせて、ひざを軽く曲げる形にして持ち上げるようにしますが、これは紙おむつでも同様です。

ふいているときにおしっこをする赤ちゃんも多いようで、特に男の子は、おむつをあてていないときにおしっこをすると交換している人に直撃することもしばしば。それをガードする三角形の帽子型グッズもありますが、わざわざグッズを買わなくても布おむつがあれば軽く赤ちゃんにかけておくのでもOKです。

使用済の布おむつでふいても

ほとんどの方がおしりふきを使ってふいていますが(▼56ページ参照)汚れを布おむつでふくという人も多くいました。きれいな布おむつを別に用意する、ということではなく、外したおむつの濡れていない部分でおしりをふくというのもアリです。

おしりふきを使う人の中にも、交換するためにおむつを開けたときに、つけていた布おむつでさっとふいてから、おしりふきで改めてきれいにする、という声も。特にうんちのときは、布おむつの汚れていない面でさっと汚れを落としてからのほうがおしりふきできれいになりやすいようです。

汚れがなかなか落ちないとき

うんちの汚れがなかなか落ちないときは、赤ちゃんの肌のことを考えると何度もゴシゴシこするよりもお風呂などで洗って落とすのもおすすめです。赤ちゃんの肌は薄くデリケートなので、こすってしまうことが大きな負担になるのです。

ただ、首すわり前、腰すわり前の赤ちゃんはお風呂に連れていくのも大変。汚れたおむつを敷いたままの状態で足を持ち上げ、スプレーや霧吹きなどの容器に入れた水を少しおしりにかけてあげて流すという声も多くありました。汚れた水が流れますが、よほどの量でなければ敷いているおむつでキャッチできるので大丈夫です。このとき、特に冬場は冷たいとかわいそうなので、ぬるま湯を使うといいでしょう。

ステップ4

汚れたおむつを外し、新しいおむつをあてる

●新しいおむつを敷くタイミング

次に汚れたおむつを外してから新しいおむつを敷きます。この時点ですでに赤ちゃんの下に新しいおむつを敷いている人もいます。

おしりをふく間に先におむつを敷いておくと、おしりをふいたらすぐに新しいおむつをつけられますが、赤ちゃんがドタバタ動いたときなどにふきとる前の汚れが新しいおむつについてしまうことも。逆に、汚れたおむつを外してから新しいおむつを敷く場合は、赤ちゃんの足を持ったまま行わなければならないのが、少し大変かもしれません。

●新しいおむつを装着

あて方は44～47ページの「布おむつのあて方」を参考に。

このとき気になるのが、汚れた布おむつの置き場所です。紙おむつならポイッと置いても床が汚れないけれど、布おむつは濡れているのでそうはいきません。52ページで書いたとおり、近くにトレイやビニール袋を置いて、いったんそこに置く、というスタイルの方が多いようです。トレイは専用のものがあるわけではないので、100円ショップにある台所用や収納用、園芸用のトレイやゴミ箱などを使っているという声が多数。「布おむつグッズ」と思って探さずに、入手しやすいものから使いやすい形や大きさのものを見つけるのがおすすめです。

●2枚以上重ねてつけているときは？

おむつを重ねてつけるのは、おしっこの量が多いときの対策です。つまり、重ねてつけているときは、月齢が上がっていたり夜間だったりおしっこの量が多く、大体重ねた複数枚のおむつ全部が濡れているはず。その場合は、全部交換します。でも逆に、うんちだけでおしっこは出ていなければ、一番上のおむつしか汚れていないことも。その場合は、上の1枚だけ交換すれば洗濯枚数の節約になります。ただ、赤ちゃんがじっとしていない中、汚れたおしりをきれいにして、上の1枚だけ外してそこに新しいものをきれいに重ねるのはなかなか難しいもの。そのときはまるごと交換して、汚れていないおむつは洗濯にまわさず、もう一度使うというのが現実的かもしれません。

ステップ5

汚れたおむつを片付ける

そして洗濯へ

最後に、汚れた布おむつを片付けておしまいです。アンケートで多かったのは一時的にトレイやビニール袋におむつを置いておく方法。このあと、手洗いや、つけおき、それぞれの洗濯スタイルに沿って片付けていきます。

カバーの片付け

おむつカバーですが、うんちがついてしまうなど汚れない限りは、毎回洗わなくても大丈夫です。軽く陰干し(室内干し)しておいて、次の交換のときに使えます。

特に、ウールは消臭殺菌能力のある素材なので、乾かすだけで毎日洗わない方もいるくらいです。メーカー、販売店によっては1~2週間に一度の洗濯を推奨するものもあるようですが、においが出ることもあり、その判断は人それぞれです。ポリエステルなどのカバーは蒸れやすいので、1日に一度は洗濯するようにしましょう。

汚れたおしりふきは?

使い捨てのおしりふきやライナーは、うっかり洗濯機のほうに入れてしまうと大変です。交換のときに別のビニール袋を用意しておいて、おむつとは別にまとめて捨てる方が多数。交換ごとに口を閉じて捨ててももちろんいいですが、いっぱいになるまでトレイなどに置いておくという方も。このとき、防臭のビニール袋を使えば、捨てるときににおいが気になりません。

パンツタイプの交換

赤ちゃんが立ち始めて、寝たままのおむつ替えが難しくなる頃、パンツタイプのおむつカバーに替える方も増えてきます。

基本的には、赤ちゃんを立たせて、脇にスナップボタンがあるタイプだったら外してゆっくり脱がし→おしりをふいたら→パンツやズボンの要領で、セットしたおむつをはかせるという流れです。カバーの中に布おむつをセットしてはかせるので、上げるときによれてしまわないように注意が必要です。また、スナップボタンがないパンツタイプは伸縮性のあるニットタイプが多いので、うんちが足や交換する人の手につかないように伸ばして交換します。

布おむつユーザーの「おしりふき」事情

布おむつがあるなら、もちろん「布おしりふき」も。
布おむつユーザーの中には布おしりふき愛好家が少なくありません。
どんなものを、どんなふうに使っているのか聞いてみました。

布のおしりふき、使ってる？

布のおしりふきは使っていましたか？

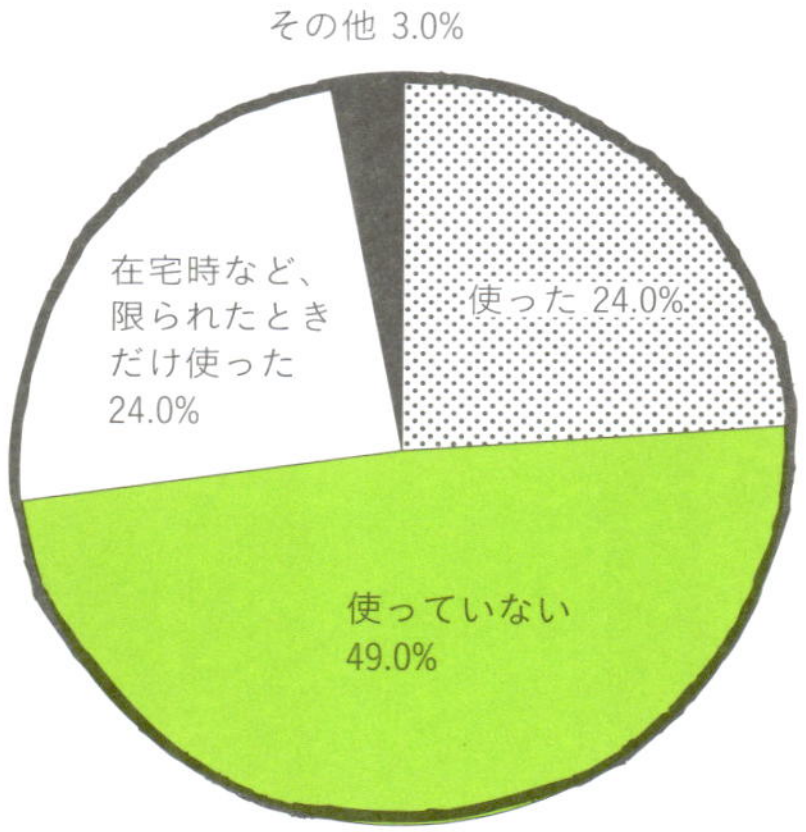

赤ちゃんのおむつ替えで必ず必要になるのが「おしりふき」。一般的には、紙製で汚れが落ちやすいように水分を含んだものが使われていますが、布おむつ同様、布製のおしりふきもあります。

アンケートで聞いてみたところ、「使った」と「限られたときだけ使った」をあわせると48％の方が布おしりふき経験者。布おむつユーザーの方に聞いているだけあって、一般的な布のおしりふきの普及率よりはだいぶ高い回答といえそうです。使っていた理由で最も多かったのは「赤ちゃんの肌にやさしいから」、次いで「ゴミが出ないから」と、布おむつを使う理由と重なる部分が多い結果に。そのほか「使い捨てのものよりふきやすいから」「着なくなった洋服やタオルがたくさんあったから」など、布おしりふきならではの便利さもあるようです。

どのような布おしりふきを使っていましたか？（複数回答可）

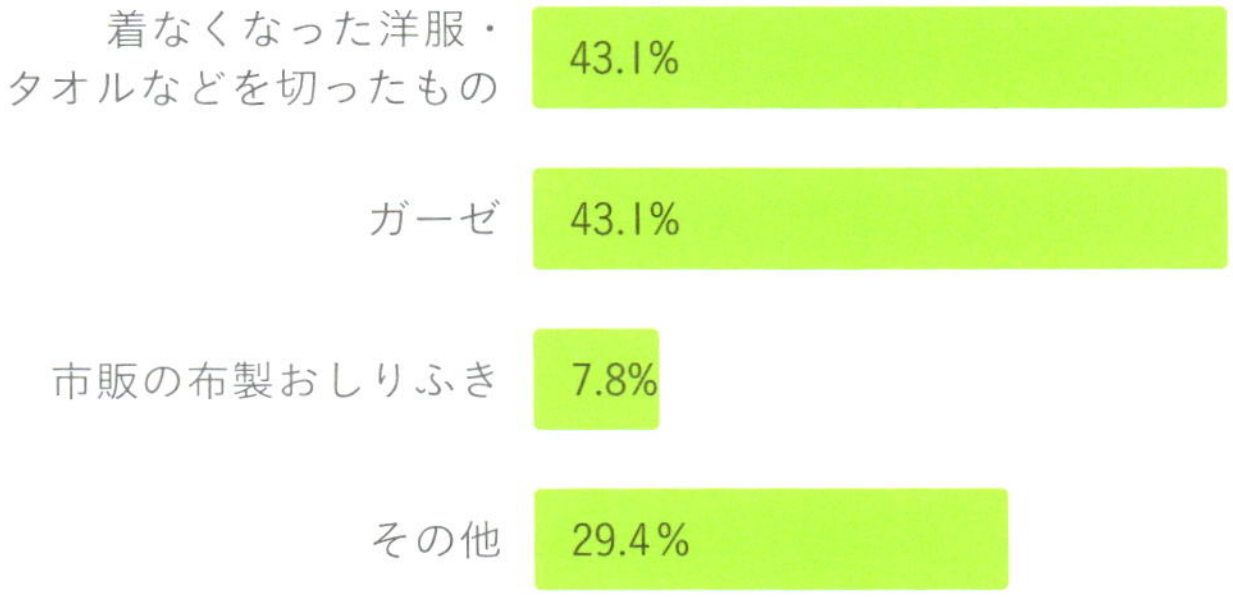

●いらない布を切って使える

ここからは、具体的な布おしりふきの使い方の話です。

まず、「布製のおしりふき」といっても、売っているのもなかなか見ないしピンと来ない方が多いですよね。そこで、どんなものを使っているか聞いたところ、最も多かったのが「着なくなった洋服やタオル」。小さく切ってまとめて置いておくと便利です。「その他」の中では、「輪おむつを使う（おむつと兼用、汚れが落ちなくなったものを再利用）」という回答が多くありました。これらは、使い捨てにする方もいれば、布おむつ同様洗って繰り返し使う方も。「ゴミが出ないように」と「赤ちゃんの肌のために」など、布製のおしりふきを使う理由によってもその対応は変わってきそうです。

●水？ お湯？ 濡らし方

布おしりふきは、乾いたままだと汚れが落ちないので濡らして使います。濡らし方は、「使うときに水道で濡らして絞る」「水筒に入れた水を使う」「霧吹きを使う」などが多数。「あらかじめ濡らしたものを保存容器やジッパー袋に入れておく」という声も。扱いやすい形は人それぞれなので、いくつか試してみるのがよさそうです。

また、そのとき、水を使う派とぬるま湯を使う派に分かれますが、これは季節によっても違うようです。「ぬるま湯を保温ポットに入れておく」、「濡らしたガーゼを軽くレンジで温める」など、温める方法もさまざまでした。紙製のおしりふきにも使える、おしりふきを温める製品に濡らした布を入れておくという方もいました。

困った！
布おむつトラブル

布おむつ生活は順風満帆とばかりはいきません。
なかなか治らないおむつかぶれや、何度も起こるうんち漏れなど
げんなりしてしまうようなトラブルもたくさんあるはず。
起こりやすいトラブルと対処法をご紹介します。

おしりが真っ赤！おむつかぶれ

赤ちゃんがおむつかぶれを起こしたことはありますか？

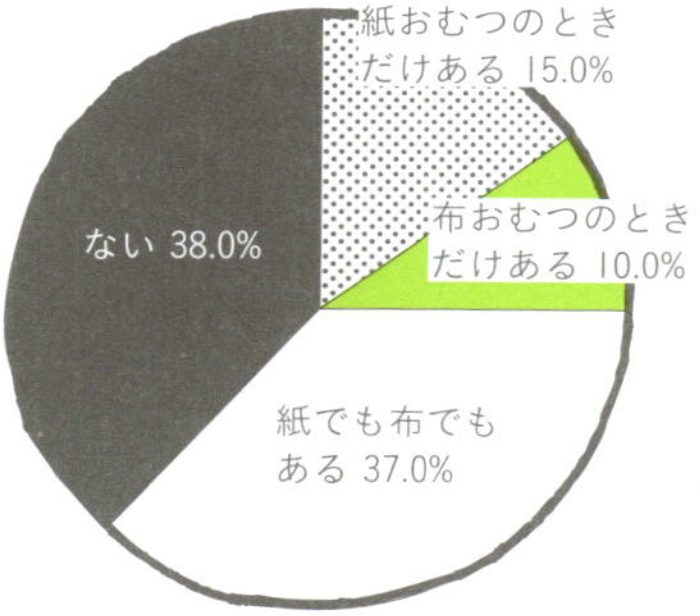

そのとき、どう対処されましたか？（複数回答可）

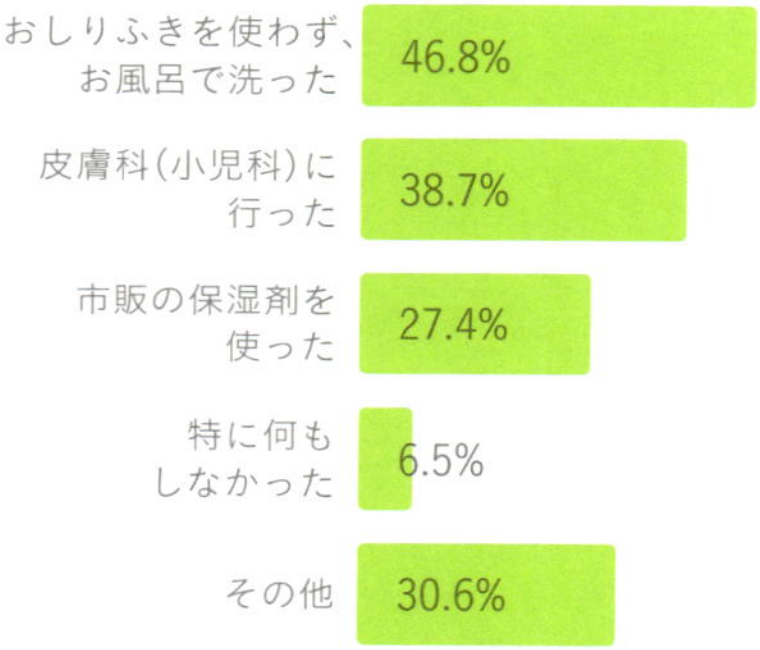

赤ちゃんのおしりが炎症を起こしてしまうおむつかぶれ。発疹が出たり、赤くなってしまったりして、かゆみや痛みが出ることもあります。

アンケートでは紙おむつ、布おむつ合わせて6割以上の方がおむつかぶれを経験。一般的に布おむつは赤ちゃんの肌にやさしいと言われますが、この結果から見ると、単純に布おむつだとかぶれにくいということではないようでした。結局は赤ちゃんの肌タイプや、素材との相性、交換頻度などによるところが大きいようです。

対処法としては、アンケート回答でも多かった「おしりふきを使わず、お風呂で洗った」や赤ちゃんにも使える保湿剤などが効果的。一番大事なのは、こまめにおむつを替えてあげること。悪化してしまったら、早めに小児科で診てもらいましょう。

洗濯も大変…うんち漏れ

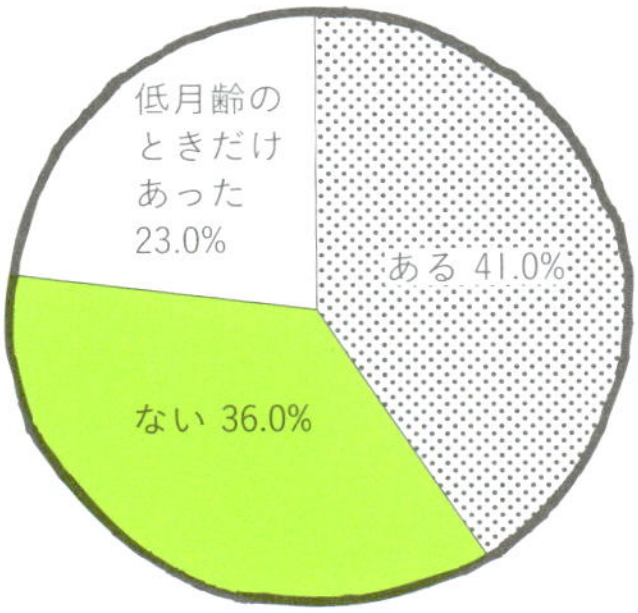
布おむつを使用していた際、うんち漏れで困ったことはありますか？

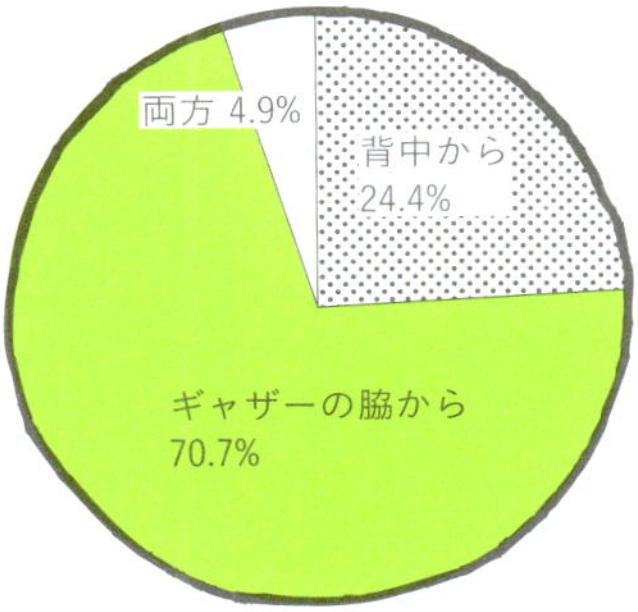
どのような漏れ方で困りましたか？

ゆるゆるうんちがおむつの脇や背中から漏れてしまうのは、多くのお母さん・お父さんの悩みの種。アンケートでは、実際にうんち漏れを経験した方は意外にも半分以下だったものの、困っている方には切実な問題です。漏れの原因から、対処法を探っていきましょう。

サイズが合っていなかった

特に低月齢期、赤ちゃんの足が細いときはカバーが大きすぎてギャザーの脇などの隙間から漏れてしまうことも。その場合はジャストサイズのカバーにかえるか、中に入れる輪おむつを増やして隙間を埋めるという方法も。

逆に、カバーのサイズが小さ過ぎるとキャパオーバーで漏れてしまうこともあるので、ジャストサイズを心がけましょう。

おむつがよれていた

おむつ本体がたいらにつけられていないと、うんちをうまく受け止めることができずに漏れてしまうことも。交換のときに丁寧に、表面をたいらにして赤ちゃんにあててあげることで改善できます。

動きがはげしくなった
うんちの量が増えた

月齢が上がると直面する悩み。44ページからの「布おむつのあて方」を見て「三角折り」や「土手を作る」など、あて方を工夫しましょう。

背中側から漏れる

布おむつの背中側をひと折りして厚みを出し、防波堤を作ると軽減できます。輪おむつだけでなく、成型おむつを折るという方もいました。

夜は布おむつ、使ってますか？

布おむつを使う上での大きなハードルのひとつが、
「夜はどうするの？」。
どれくらいの人が夜の間も布おむつを使っているのか、
また、どのタイミングで交換しているのか聞いてみました。

夜の間は布おむつ、使ってますか？

夜間、布おむつを使っていましたか？

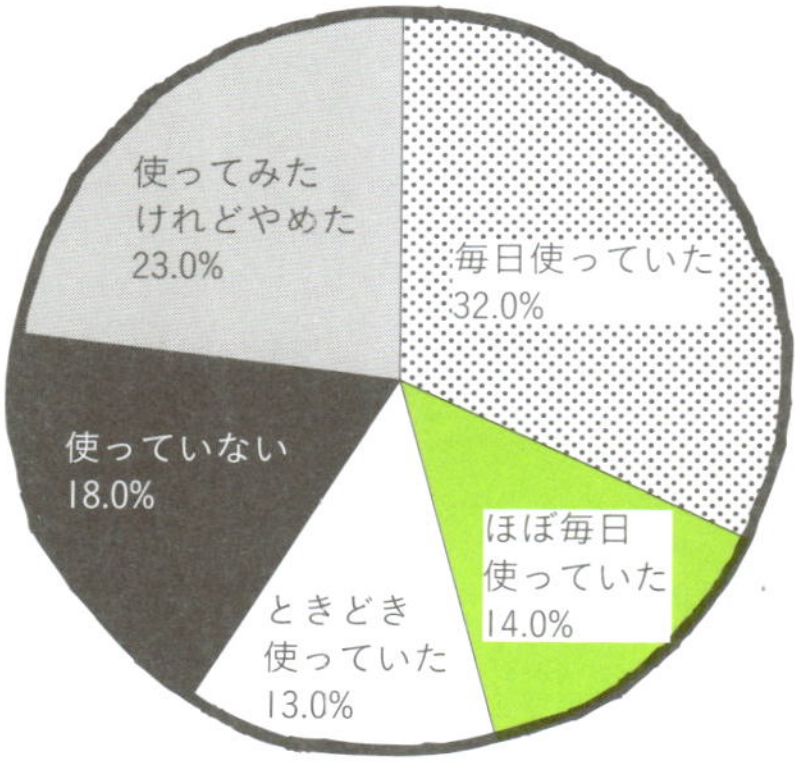

半数近くが夜も使用

想像しただけで「大変そう」と思ってしまう、夜の間の布おむつ。交換せずに朝までは難しそうだし、夜中に布おむつの交換をするのはなあ……と不安な人もいると思います。

42～43ページの「布おむつと紙おむつのバランス」アンケート結果からもわかるとおり、「夜間や外出中も布おむつだけ」という方は、布おむつユーザーの中でも2割ほど。時と場合によって紙おむつを併用していた人がほとんどということがわかりました。

ここではさらに細かく「夜間、布おむつを使っていましたか？」と聞いてみると、「毎日使っていた」「ほぼ毎日使っていた」と回答した方を合わせると46％と半数近く。「夜の布おむつは大変！」とのイメージもありますが、それでも多くの方がしっかり夜の間も布おむつを使いこなしていました。

　一方、「使ってみたけれどやめた」との回答も23％と少なくなく、挫折組もそれなりにいるようです。新生児期からだんだん赤ちゃんが夜、長く寝るようになると、お母さん・お父さんもやっとまとめて眠れるようになってホッ……なのに、おむつ替えのために起きることになるのはひと苦労ですよね。

　そして、起きてお世話をするならばできるだけ早く済ませたいもの。紙おむつなら夜中におむつ替えをしてもくるっと丸めてゴミ箱に入れるだけで済むけれど、布おむつだとその場でしなければいけない処理が多いのでは？　夜中でも手洗い？　そんな不安を解消すべく、夜も布おむつユーザーのみなさんからいただいた、夜中のおむつ替えを楽にする工夫もご紹介します。

夜間、何回おむつ替えをしていますか？

● 1歳頃にはだいぶ楽になる？

夜間の布おむつがどうして大変かといえば、吸収量を考えるとどうしても朝までに何回かおむつ替えをしなくてはいけない、つまりお世話する人もそのたびに起きなくてはいけないから。

　アンケートでは、どれくらいの頻度で交換していたかを月齢別に聞いてみました。0〜3ヶ月の頃は、夜中にうんちをすることも多く、紙おむつでも夜間のおむつ替えが多い時期。3〜6ヶ月でも「3回」と答えたお母さんが最も多く、「10回以上」と答えた方も……（大変！）。それでも1歳以上では半数近くが「1回」との回答で、「0回」の回答も。おむつを数枚重ねるなどの工夫と、お母さん自身が寝るときに替えるなど、タイミングの工夫次第では苦労もだいぶ減るかもしれません。

月齢別 夜間おむつ替え回数ランキング

【0〜3ヶ月】	【3〜6ヶ月】	【6〜12ヶ月】	【1歳以上】
1位　4〜6回	1位　3回	1位　2回	1位　1回
2位　3回	2位　2回	1位　1回	2位　0回
3位　2回	3位　1回／4〜6回	3位　0回	3位　2回／3回
平均…3.8回	平均…3.3回	平均…2回	平均…1回

夜間のおむつ替え、どうやっていましたか？

夜間におむつを替えたあと……

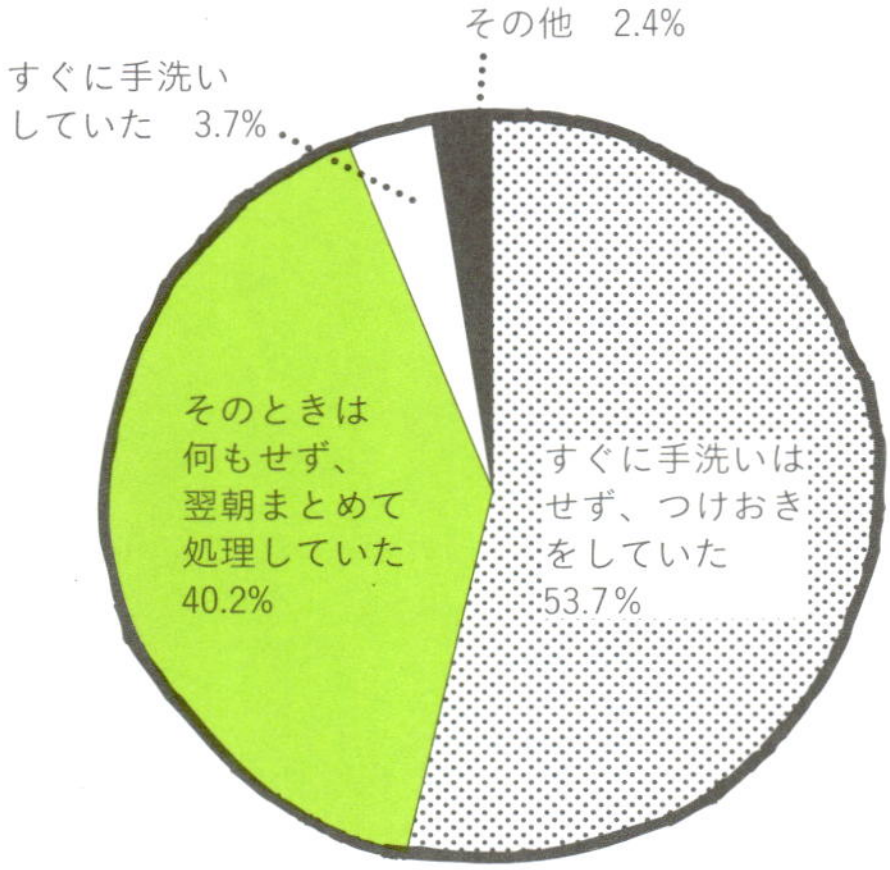

●夜中の作業は極力少なく！

どうしても必要な夜間のおむつ替え。紙おむつのように丸めて置いておくというわけにもいかない布おむつ、どうやって処理している人が多いのでしょうか。

最も多かった答えが「すぐに手洗いはせず、つけおきをしていた」。枕元に水(人によっては洗剤も)を入れたバケツを置いておいて、交換したら使用済みのおむつをポイッと入れるだけなので、それほど負担にはならなそう。

次点が「そのときは何もせず、翌朝まとめて処理していた」。この場合は枕元にトレイなどを置いておき、そこに置いておくだけなのでバケツすら不要。上のお子さんがいるなど、寝室に水の入ったバケツを置いておくのはちょっと危険というときもこの方法なら安心です。トレイは専用のものが売っているわけではないですが、100円ショップなどで使えそうなものがいろいろあります。

月齢が上がってくると、寝ている間にうんちをすることはなくなる子が多く、おしっこだけならばひと晩くらいのにおいはそれほど気にならないはず。「すぐに手洗いしていた」という方も少数いましたが、気楽にやるなら上位ふたつのどちらかがおすすめです。

夜間の布おむつ、こんな工夫してました

できるだけ手間を減らしたい！　漏れも防ぎたい！　そんな声にこたえるべく、アンケートでわかったみなさんの工夫をまとめてみました。

小さなライトを枕元に。夫や上の子を起こさないように簡単につけたり消したり出来るタイプ。（Aさん／32歳／神奈川県）

真っ暗な中でのおむつ替えは大変だし、電気をつけると赤ちゃんや家族を起こしてしまうので、枕元に置ける小さなランプはぜひ持っておきたいところ。各種売っているので好きなものでOK。手で触るとオン／オフができるタイプは、暗い中でも点けやすくて便利です。

夜間のみ防水タイプのおむつカバーを使用していました。（Oさん／36歳／埼玉県）

夜間はマイクロファイバー製の吸収力の高いおむつカバーをあてています。（Kさん／38歳／神奈川県）

日中から防水タイプ（ポリエステル素材など）のおむつカバーを使っている方も。綿やウールを使っているという方も、夜だけ防水性の高いカバーにするというのもアイディアのひとつ。

おむつを重ねてあてていたので、すぐに替えられるように重ねた状態で数セット準備していました。（Mさん／38歳／北海道）

夜中は、おむつを重ねてカバーにセットして……という作業も減らしたいところ。寝る前に数セット分準備しておけばその手間を減らせます。

枕元に100均のゴミ箱を置いて、交換したおむつはゴミ箱にためておきました。（Iさん／35歳／千葉県）

夜中に複数回おむつ替えをするという人は、布おむつの一時置き場にトレーではなく深さのあるゴミ箱が便利。

漏れていることを想定して、あらかじめ着替えも枕元に。（Sさん／34歳／東京都）

最悪のパターンを想定して準備するのも大事！　漏れたときのショックも、着替えの準備があるだけで少し和らぎますね。シーツを替えるのも大変なので、バスタオルを置いておけば朝までくらいは敷いてしのげるかも。

外出するときは布おむつ、使ってますか？

夜間に続いての布おむつの心配事、それは外出中。
家にいればすぐにつけおきしたり、手洗いしたりできるけど、
外にいるときはどうするの？　持ち帰り方は？
心配事は多いけど、できる範囲で挑戦したい！

外出時の布おむつは臨機応変に

外出する時、布おむつを使っていましたか？

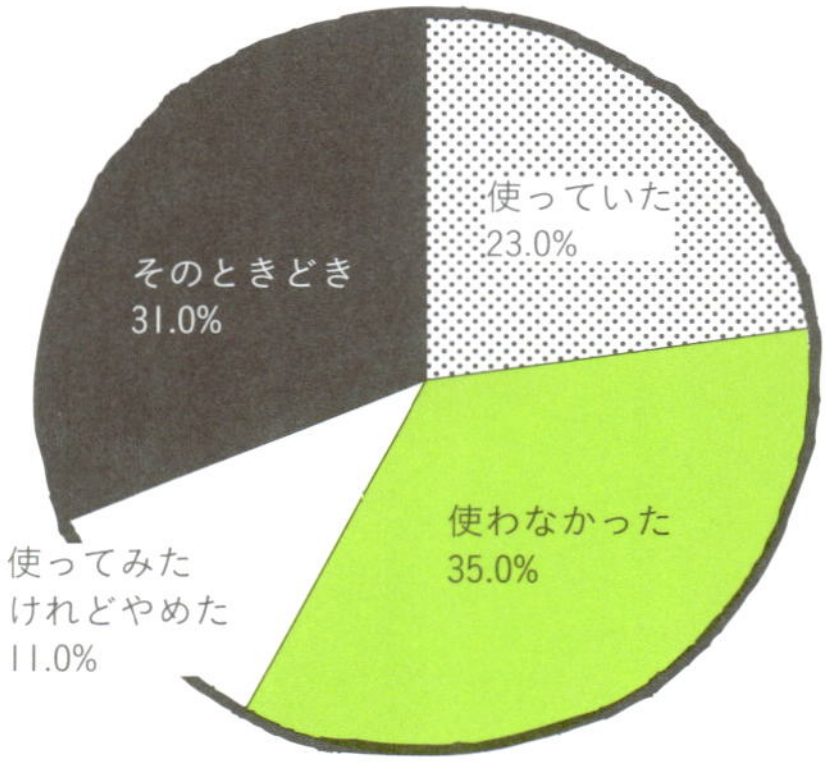

「そのときどき」と答えた方のコメント

・短時間の外出のときは布おむつ
・実家や親戚の家など、おむつ交換に余裕のある場所に行くときは布おむつ
・家でうんちがすでに出ていて、外ではしないだろうというタイミングのときは布おむつ
・公園など、おむつ交換する場所がなさそうなときは紙おむつ
・荷物が増えるので、ベビーカーや車で出かけられるときだけ布おむつ

心配は多いけど、臨機応変に！

外出時の布おむつ交換は、交換場所や、汚れたおむつの持ち帰り方、汚れた場合の替えのカバーの持ち歩きなど、心配事がたくさん。

アンケートによると、外出時の布おむつの使い方は「使っていた」より「使わなかった」の回答が少し上回り、「そのときどき」という方も多くいました。その中で多かったコメントは「短時間の外出のときだけ布おむつ」というもので、そのほか臨機応変に対応している方が多いようです。紙おむつなら数時間は替えなくても大丈夫なこともありますが、布おむつだと1時間に一度はチェックしたい……となると交換場所の確保も重要。たとえば、近所への買物など交換しなくても家に帰れるときは布おむつにしてみてもよさそうです。

外出するときはこれがあると便利！

ビニール袋

汚れた布おむつを入れて持ち帰るのに必須。1枚で使う人もいれば、袋を2重、3重にする人、ジッパー付きの袋を使う人などさまざまで、何が合うかはいろいろ試してみるといいかも。赤ちゃん用品店などで販売しているおむつ用の防臭ビニール袋もおすすめ。

防臭／防水ポーチ

ビニールに入れた布おむつはバッグに入れる前に防臭・防水加工のあるポーチに入れるのがおすすめ。おむつ専用グッズではなくても、アウトドア用品でも探せます。

小さいスプレーボトルに入れた水

旅行用の小さな携帯スプレーに水や、重曹・アルカリウォッシュなどを溶かした水を入れておき、汚れた布おむつに数プッシュ。持ち帰り時のにおいを抑えられ、汚れも定着しづらくなります。

おむつ替えシート

紙おむつ交換のときでも使えますが、使う人も使わない人もいるアイテム。布おむつは紙おむつよりも交換時に手間取ることがあるので、持っておくと安心です。ペット用の使い捨てシートも便利。

紙おむつ

長時間外出するときは、もし布おむつを使いきってしまったら……という不安も。紙おむつを一枚でも入れておくと安心です。お守りくらいの気持ちで。

おしりふき

紙製のおしりふきか、ガーゼなどの布を。布の場合は水筒にぬるま湯を持って行って湿らせるか、あらかじめ湿らせてビニールに入れておきます。

●何を持っていく？

それでは、布おむつを持って外出する準備をしてみましょう。

気がかりなのが荷物が重さ。実際、どれくらいの重さになるかも調べてみました。

【近所に1〜2時間お買物編】
布おむつ　1〜2枚／おむつカバー1枚／おしりふき／持ち帰り用ビニール袋／おむつ替えシート／スプレー
総重量　約400グラム

長くても2時間ほどで帰ってこられるくらいの場所へのお出かけならこれで十分。万が一、赤ちゃんが急におなかを壊すなどしておむつの替えが足りなくなっても、急いで帰宅すればOK。

【友だちの家へ半日お出かけ編】
布おむつ　5〜6枚／おむつカバー1枚／紙おむつ　1枚／おしりふき／持ち帰り用ビニール袋／おむつ替えシート／スプレー
総重量　約500〜600グラム

ちょっと長めのお出かけならこれくらい。心配な人はおむつカバーを2枚入れておいても。

●紙おむつとの違いは？

同じくらいの時間、紙おむつで外出する場合は、【お買い物編】で紙おむつ1〜2枚とおしりふき、おむつ替えシート、約300グラム。【半日おでかけ編】で紙おむつ3〜4枚、おむつ替えシート、約350グラムでしょうか。じつは重さとしてはそれほど負担になる違いではありません。

ただ、紙おむつに比べて布おむつはかさばるのが難点。輪おむつを使っている人も、外出用にかさばりにくい成型おむつを用意するのもおすすめです。

おむつ替えシートは、持ち歩かないという人も。公共機関を中心に、いまはトイレにおむつ替えスペースがあるところも多く、そういったスペースを利用すれば必須ではありません。男性用トイレにはまだ少ないですが、「みんなのトイレ」などを利用すればOK。また、布製は重いのでペット用などの使い捨てシートも便利です。

荷物の量よりも気になるのは、交換の回数。布おむつはどうしても紙おむつより交換が多くなります。お出かけ中は常に「おしっこしてないかな？」と気にしていなくてはいけませんし、あらかじめ交換場所の目星をつけておきましょう。

外出時の布おむつ交換の手順は？

●外出先での交換

次に、外出時のおむつ交換の手順をみてみましょう。アンケートで、外出時も布おむつにしている人に交換手順を聞いてみたところ、「家にいるときとほぼ同じ」という方がほとんどでした。

交換したら汚れた布おむつはビニール袋に。このとき、スプレーを持っている人は、汚れた部分に数プッシュしておきます。外出先のトイレでは、洗える場所はほぼないので、基本的には洗わずに持ち帰り、家で洗濯です。

使い捨てのおしりふきは、おむつと同じ袋に入れて帰ってから仕分けるか、別の袋に入れておくかの2パターン。外出時だけトイレに流せるタイプのおしりふきを使うという方もいました。

●旅行は？　帰省は？

このように「外出時も普段とそう変らない」という声も多く、お出かけ時の布おむつ使用のハードルも下がってきたのではないでしょうか。でも、旅行となると紙おむつという方がほとんど。お出かけのときは、自宅に持ち帰ってその日のうちに(または翌日に)洗えるという前提ですが、旅行の場合、汚れたおむつを数日持ち歩くわけにはいかないし、かといって宿泊先で洗うのは現実的ではありません。

ただ、実家への長期の帰省などは布おむつを持って行くという方もたくさんいました。洗濯ができる環境もあるので、日程などにもよりますが、布おむつ20枚、カバー3枚ほどを持っていって、念のため紙おむつも数枚持っておけば数日はまわせそう。洗濯するのが実家のお母さんなど家族に頼むことになる場合は、事前に相談しておきましょう。

実録！我が家の布おむつ事件簿

赤ちゃんと暮らしていると、起こる起こる、
悲鳴をあげたくなるような事件たち！
布おむつに関する小さな事件を一挙紹介。

２歳くらいになって、リュックサックがしょえるようになったので、「自分のものは自分で持ってね」とおむつ一式を背負わせていました。ある日友人宅にいき、立派なうんちをしてリュックに詰めて帰ってくると……リュックがない！　どこかに届いているかと、交番や駅など問合わせたのですが、「中身は？」と聞かれ「汚れたおむつです……」と答えるのが恥ずかしかったです。どなたかが開けてびっくりしたのではないかといまでも気になります。まだリュックは見つかっていません。でも見つかって中身を確認されてたらもっと恥ずかしかったかも。
（Ｉさん／35歳／千葉県）

抱っこしたときに布おむつからうんちが漏れて、自分の洋服にもついてしまった。でも、黄色い模様の布の服を着ていたのでごまかせた。
（Ｓさん／38歳／東京都）

外出前にあわてていて、カバーだけつけて出かけてしまい、電車の中で「おしりがいつもより小さいなぁ……」と思って触ったらおむつをしていなくてあせりました。すぐにおりて駅のホームのベンチで布おむつを滑り込ませました。
（Ｈさん／35歳／東京都）

外出中にうんちをしたとき、近場だったので替えのオムツを持っていなかったので、薬局でキッチンペーパーを買って、おむつの代わりにつけた。
（Ｏさん／36歳／埼玉県）

「なんか静かだな」と思ったら、つけおき用のバケツで水浸しになりながらパシャパシャ遊んでいた……。 母、絶叫。子どもはポカーンとしていました(笑)。

（Kさん／33歳／東京都）


外出時は紙おむつが基本でしたが、うっかり布おむつで外出してしまい……。気づいたらだっこしていた私も息子もびしょびしょになったことが何回かありました。

（Oさん／36歳／埼玉県）


おむつライナーが流せると思い、トイレに捨てたら詰まってしまい、あわててすっぽんを買いに行った。

（Nさん／36歳／千葉県）


布おむつがバケツに残っていることに気づかず、汚水をトイレに流したら、布おむつも流れてトイレが詰まってしまった。そのために２万円払った。

（Aさん／44歳／東京都）


寝ぼけながらオムツ交換をしたとき、新しい布おむつをあてるのを忘れてしまい、そのままおしっこをされてびちゃびちゃになったことがあった。

（Kさん／40歳／京都府）


パパが布おむつで顔をふいていた。

（Mさん／33歳／神奈川県）


オーガニック生地のおむつを使っていたのに、実母がうんち汚れが取れないからと勝手に市販の漂白剤で洗ってしまった……。

（Tさん／38歳／神奈川県）

column 3

おむつなし育児って？

布おむつに興味を持ったお母さんの中には「おむつなし育児」という言葉を聞いたことがある方も多いかもしれません。おむつなし育児とは別名EC(Elimination Communication)＝エリミネーション・コミュニケーション。排泄に関するコミュニケーションという意味で、赤ちゃんの様子から、排泄をするタイミングを見極めてトイレに連れて行くことで、おむつをしなくてもいい状態にすること。赤ちゃんは言葉を話せなくても、身振り手振りや表情などで感情を表現しています。おしっこやうんちについても何かしらサインを出しているので、そのサインをキャッチしてあげよう、というのがECなのです。早期のトイレトレーニングと誤解されることもあるようですが、あくまで赤ちゃんとのコミュニケーションのひとつ。生後2～3ヶ月の、ねんねの時期から始める人も多いようです。コミュニケーションを表す「EC」のほうが「育児」という言葉より近いかもしれません。

この本のアンケートでは、おむつなし育児についての質問はしませんでしたが、それでも「おむつなし育児もしていた」というコメントがいくつもありました。おむつなし育児は紙おむつでもできますが、おしっこをすれば少量でも濡れる布おむつは、少量ならサラリと乾いてしまう紙おむつよりもおしっこの回数がわかりやすく、相性がいいようです。また、洗濯の手間を考えると「おむつなし育児やってみようかな」と思う方も多くなるかもしれませんね。

おむつなし育児については『五感を育てるおむつなし育児』(三砂ちづる著／主婦の友社)や『おむつなし育児』(クリスティン・グロスロー著／柏書房)など書籍も出ているほか、おむつなし育児研究所によるサイト(http://omutsunashi.org/)などインターネットでも情報がたくさんあります。興味のある方は布おむつと合わせて挑戦してみてください。

4

お洗濯の基本とコツ

布おむつライフ最大の難関ともいえる、洗濯。紙おむつにはないステップで大変そうですが、時に手を抜きながら効率よくすすめるワザを知れば、ハードルはぐんと下がります。

洗濯のリズムをつかめば布おむつライフもぐんと快適に

Aちゃんとの生活にも少しずつ慣れてきたSさんと旦那さん。
大変なことばかりだけど、
楽しく感じられることも増えてきた。
Aちゃんが泣いたら
「はいはーい、おっぱいかな？　おしっこかな？」。
布おむつが濡れているか確認して、
濡れていたらササッと交換。
毎日のことだから、すでに交換は夫婦揃ってお手の物。
でも、布おむつの洗濯はやっぱり大変……。
ふと見るとバケツに大量の布おむつ。
昨日はSさんが体調不良で、洗濯ができなかったのでした。
「今週はずっと雨だってよ〜」と
天気予報を見てのんきに言う旦那さんにちょっとイライラ。
予報は的中し、その週は家中が
干されたおむつでいっぱいになりました。
「この雨、いつ止むのかな……」
「うんちの汚れがきれいに落ちなかったおむつ、どうしょう」
ただでさえ日々の時間がお世話にとられるのに、
こんなに洗濯のことばかり考えてるなんてちょっと疲れてきた。
「日中は仕事に出かける旦那さんは洗濯はしなくていいし、

私ばっかり大変だよね……」
と、ちょっと愚痴をいいたくなるSさん。
「こんなに大変なんて、みんな、
布おむつの洗濯どうしているんだろう？」
そこで、長く布おむつ生活を続けている
先輩ママの話を聞いてみることに。
「うちは雨のときは乾燥機使うよ」
と先輩ママ。えっ、乾燥機使っていいの？
「うちなんか、雨のときは紙おむつにしてるわ」
と笑うのはもうひとりの先輩ママ。
そうか、雨を理由に紙おむつにしたっていいのか！
「落ちにくい汚れにいい石鹸あるよ！」なんて情報も。
ひとことで洗濯といっても
それぞれの人のスタイルがあることを知ります。
洗濯に使っているグッズもいろいろ教えてもらいました。
「そうか、そんなアイディアがあったんだ！」
いままで自分のやり方で洗濯をしてきたけど、
改めてステップを見なおしてみることに。
毎日の洗濯だからこそ、ちょっとしたアイデアが
Sさんの気持ちを楽にしてくれそうです。

布おむつの洗濯、どうやるの？

紙おむつと布おむつの一番の違いが「洗濯」。
いつするの？　どんなふうに？　気になることだらけです。
大変なことも多いけど慣れれば大丈夫という意見も多く、
生活のペースにうまく組み込む方法を聞いてみました。

布おむつ洗濯の基本

布おむつの洗濯の頻度を教えてください

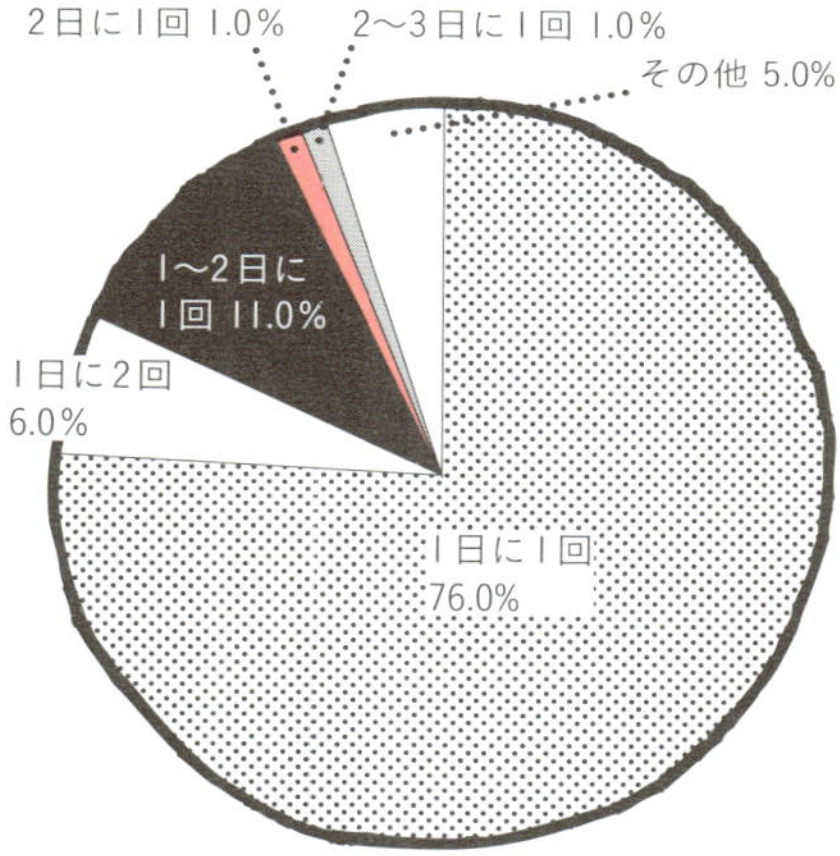

布おむつの洗濯のタイミングを教えてください

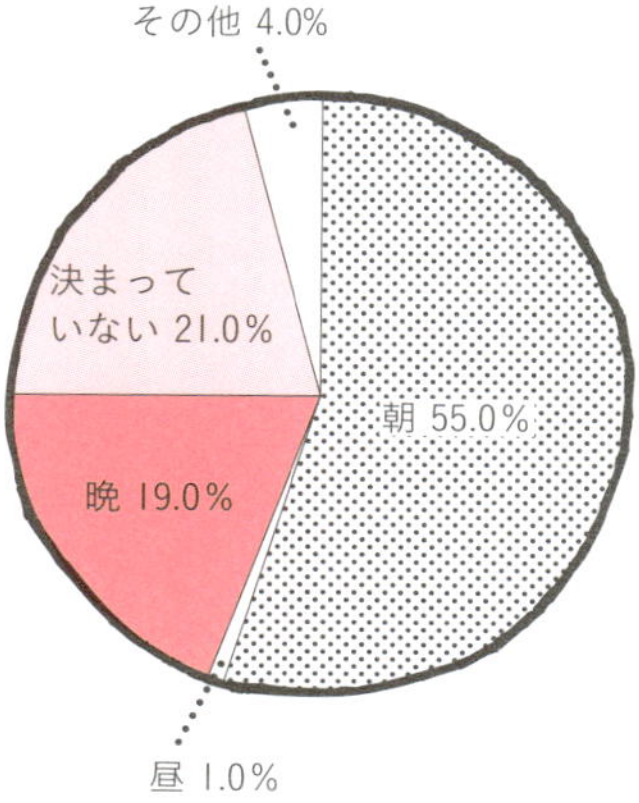

季節によって洗濯の頻度や方法は変えましたか？

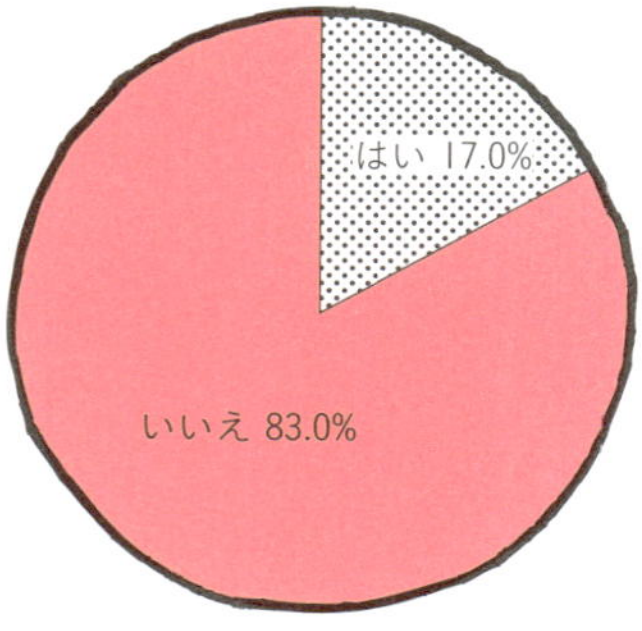

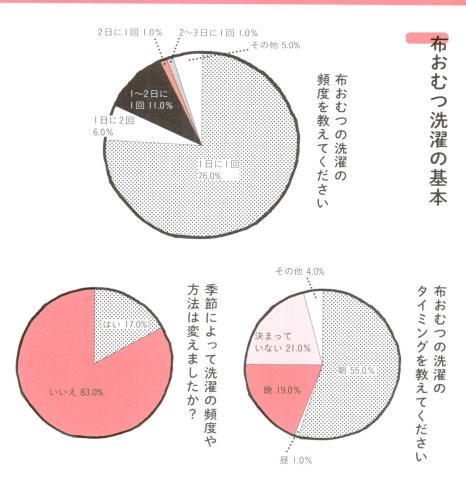

1日1回、朝の洗濯が多数派

布おむつの洗濯については、頻度や方法もさまざまで正解はありません。ここではまず、アンケートで見えてきた標準的なスタイルを紹介していきたいと思います。

布おむつの洗濯の頻度を聞いたところ、8割近くの人が「1日に1回」との回答。1日1回布おむつを(洗濯機を使って)洗濯する、という生活リズムを作っている人が多いようでした。逆に、「バケツがいっぱいになったら」という回答もあり、決まりを作らず、「たまったから洗濯しよう」というおおらかな考え方が向いている人もいるようです。

あまりため込むとにおいも出て、衛生的にもよくありません。アンケートでも「3日に1回」以上との回答はありませんでしたが、3日以上はため込まないようにしたいところです。

洗濯のタイミングは「朝」という回答が最も多かったものの、「晩」の回答もそれなりにあり、「決まっていない」という回答も21%ありました。天気にもよりますが、布おむつの黄ばみはある程度なら太陽の光で消えるので、できるだけ日光にはあてたいところ。「晩」と答えた方も、朝まで干したままにしておくので、朝日でカラッと乾くというコメントもありました。

夏、冬、梅雨……季節での違い

さらに「季節によって洗濯の頻度や方法は変えましたか」との質問には、「はい」が17%。多数派ではなかったものの、そこにはアイディアがたくさんありました。いくつか下に紹介します。

夏場は洗濯を多めに
においが出やすい季節。日差しが強ければ輪おむつは1時間ほどでカラリと乾くので、1日に何度も洗濯しやすい。

冬場は手洗いをまとめて
寒さで手洗いもおっくうになりがち。乾きづらい季節なので、冬は朝のうちに干す人が多数。

梅雨時はこまめに
雨になると乾きづらいので、こまめに洗濯して長時間干して回転させることで布おむつ不足を予防。

乾燥機も活用して!
梅雨時や冬場など、乾きづらいときは乾燥機も。布おむつが傷みやすいが、乾かないときは活用したい。

洗濯の基本ステップ

前のページで、布おむつの洗濯頻度やリズムについてまとめましたが、ここでは実際の洗濯方法を紹介します。洗濯方法は人によってさまざまですが、以下で紹介するのは多くの人が実践している標準的な4ステップです。

【ステップ①】手洗い

布おむつは、おしっこやうんちを吸収するのでそのまま洗濯機に入れることに抵抗がある人も多く、予洗いとして「手洗い」をするのが一般的です。

【ステップ②】つけおき

布おむつの洗濯でよく出るキーワードのひとつが「つけおき」。1日に何度も交換しますが、そのたびに洗濯するわけではないので、手洗い後、洗濯機で洗濯するまでつけおきするという方がアンケートでも多数でした。

【ステップ③】洗濯機

まず、「布おむつを洗濯機で洗っていいの？」と疑問から入る方も多いかもしれませんが、布おむつ洗濯は洗濯機でOKです。手洗いだけではなかなか汚れは落ちきりません。傷みが気になる方は洗濯ネットを利用しましょう。

【ステップ④】干す

布おむつは、洗濯したら早めに干すのが基本です。濡れたままの状態は雑菌が繁殖しやすいため、デリケートな赤ちゃんの肌に触れることを考えると気をつけたいところ。

細かいところまで気になる洗濯。それぞれのステップについて、みなさんのアンケート結果をもとに次のページから詳しく解説していきます。

ステップ1 手洗い

布おむつの手洗いはどんなときにしていましたか？

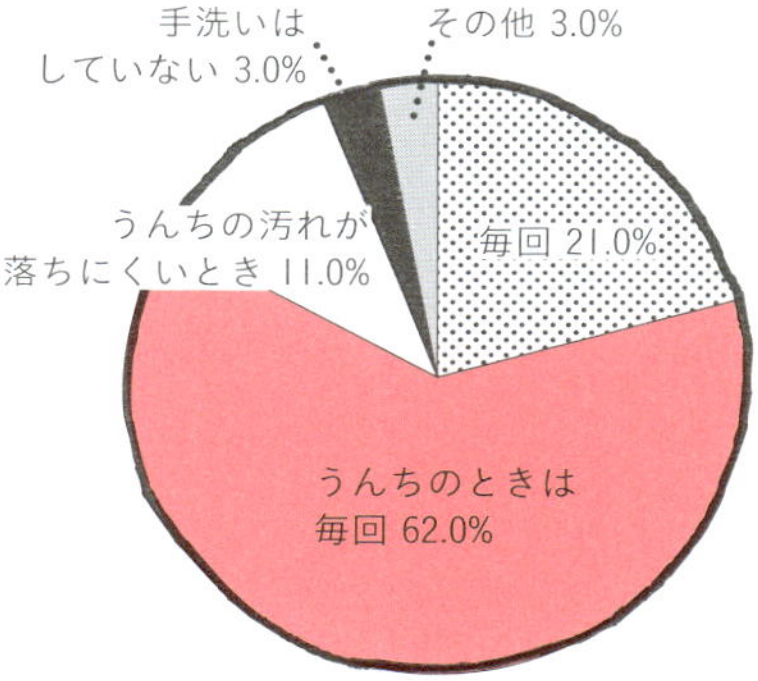

どの場所で布おむつを手洗いしていましたか？（複数回答可）

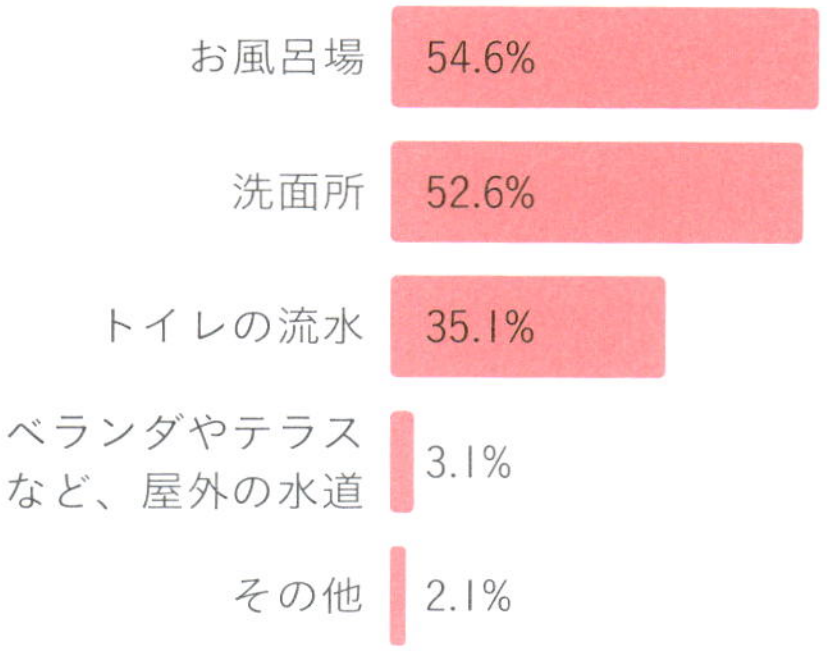

●大変そうな手洗いだけど…

「手洗い」は毎回したほうがいいのでしょうか？ どんなときに手洗いをしていたかのアンケートで最も多かったのが「うんちのときだけ手洗い」という回答で62％。次いで「毎回（おしっこのときも）」、「うんちの汚れが落ちにくいとき」と続きました。何かしら手洗いをしている方が多いですが、その頻度はまちまちです。次のページで解説する「つけおき」をする方は、おしっこだけなら毎回手洗いせずにそのままつけおきというスタイルが主流。手洗いしたほうが汚れも落ちやすく、つけおき中のにおいも軽減されますが、毎回手洗いするというのはやっぱり大変。それが苦痛で……と思ってやめてしまうくらいなら、手洗いは最低限にするというのもひとつの手です。

●トイレ？ お風呂場？ どこで手洗い？

実際に布おむつを手洗いするにあたって、案外悩むのが「どこで手洗いする？」ということ。アンケートでは「お風呂場」「トイレの流水」「洗面所」の回答がほぼ同率で多数派。「ここが一番洗いやすい！」という場所があるわけではないので、住宅事情や、家族の衛生観念によってみなさんそれぞれで違いました。細かく聞いてみると、離乳食期に入ってうんちが固まってきたら、ある程度はトイレに流してそのあとはお風呂場で手洗いするという流れが多いようでした。

トイレやお風呂のシャワーを使って汚れを落としますが、汚れが落ちにくいときは洗濯石鹸を使ったり、小さな洗濯板を使うのもおすすめです。

ステップ2　つけおき

布おむつを洗濯する際、つけおきはしていましたか？

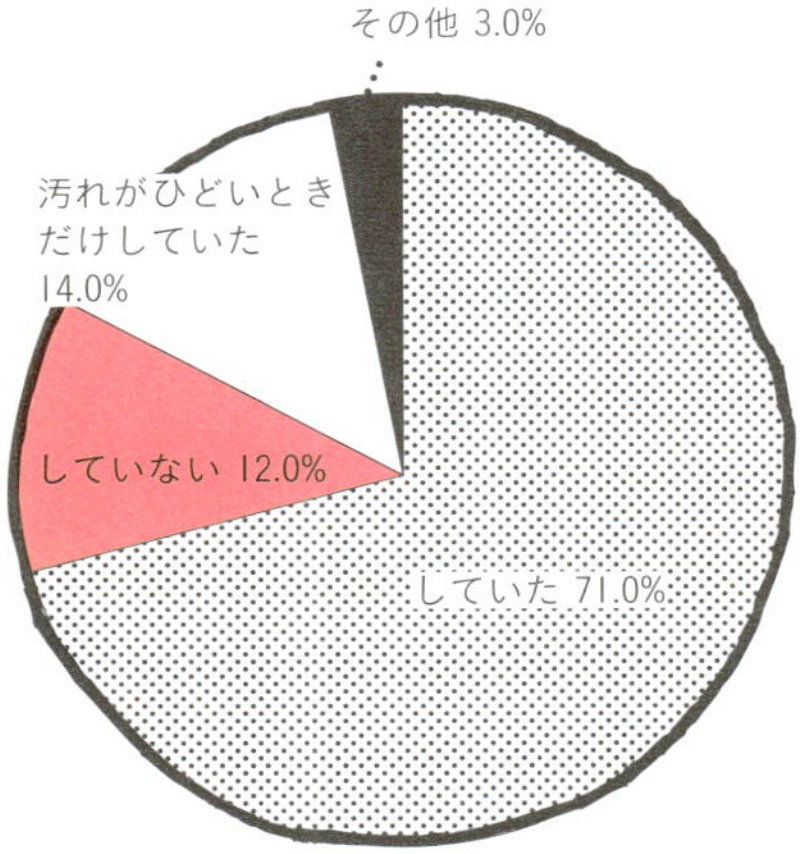

9割の人がつけおきを実践

つけおきに関するアンケートでは「つけおきしていた」という回答が7割超。「汚れがひどいときだけしていた」という回答が14％と、合わせると9割近くの方がつけおきという方法をとっていました。多くの方がバケツはフタ付きバケツをひとつ用意しているようですが、においや汚れが気になるということでおしっこ用・うんち用とそれぞれつけおきバケツを用意する方も。逆に、つけおきしないという方の場合は、毎回手洗いをして絞って洗濯まで置いておくという方と、そのままポンポン洗濯機に入れていく、という回答がありました。

32ページでもグッズについてはまとめていますが、つけおき用バケツは必須アイテムと言ってもよさそうです。

つけおきに洗剤は？

つけおきのときは、水のままだと雑菌が繁殖しやすいため、多くの方が重曹かアルカリウォッシュ（セスキ炭酸ソーダ）を溶かした水に入れていました。重曹、アルカリウォッシュともに目安としては2リットルの水に15グラム程度を溶かして使います。洗濯用合成洗剤を入れたり、黄ばみを抑えるために漂白系の洗剤を入れた水につけおきするという方もいました。

つけおきバケツはどこに置いているかも聞いたところ、最も多かったのが「お風呂場」、次いで「脱衣所・洗面所」が多く、手洗いをしてつけおき、という流れも多いことから水場の近くという回答が多数。「トイレ」という方もいましたが広さが必要ですし、それぞれのお宅で便利な場所に置きましょう。

ステップ3 洗濯機

布おむつの洗濯に使っていた洗剤を教えてください（複数回答可）

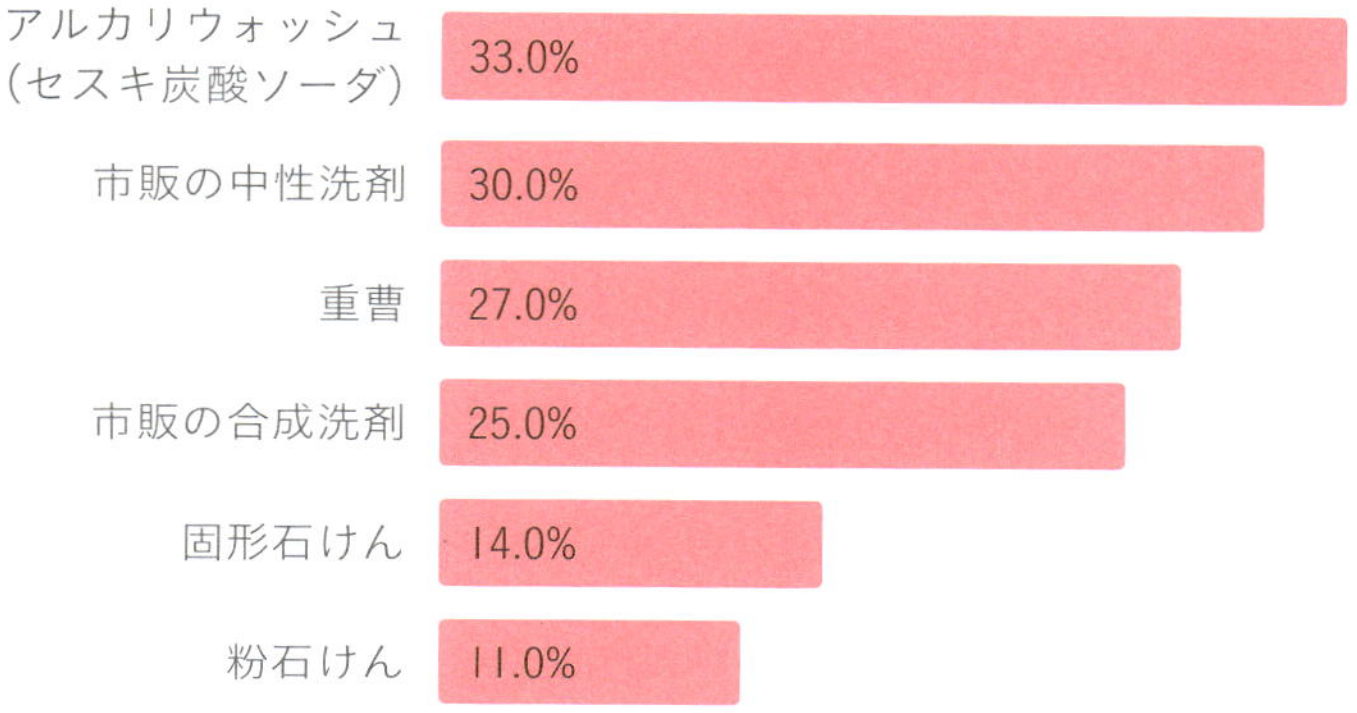

●布おむつも洗濯機を使う？

布おむつの洗濯の「本番」は衣服と同じく洗濯機。ただ、ほかの衣服とまとめて一緒に洗うかどうかは人それぞれ。あわただしい子育て中、一緒に洗ってしまえば洗濯の回数が減り、だいぶ負担は軽減します。とはいえ洗濯機に入れる時点ではにおいも出ますし、排泄物の汚れであることを考えると抵抗があるという方も多いはず。「家族がいやがる」という声もありました。気になる方はやはり別々に洗うのがおすすめ。洗濯の回数が増えることになりますが、慣れてしまえば負担はそれほど大きくないかもしれません。

また、布おむつ専用ではありませんがバケツより少し大きいくらいの小型洗濯機を布おむつの洗濯に使うという方もいるようです。

●洗剤は衣服と同じでOK

アンケートでは布おむつの洗濯に使っていた洗剤を聞いてみました。用途もそれぞれ聞いたところ、洗濯機で使っていたのは「市販の合成洗剤」という方が最も多く、次いで「粉石けん」の回答。布おむつを洗濯機で洗うときの洗剤は、特に区別せずにほかの衣類と同じ洗剤という方がほとんどのようです。上のグラフにある「重曹」や「アルカリウォッシュ」は、洗濯機ではなくつけおきのときに使用している方がほとんどでした。

洗濯後もにおいが気になる場合は、すすぎの回数を増やすと軽減できます。また、おむつカバーを洗うときは、劣化を防ぐために面ファスナーを着けたままにし、洗濯ネットに入れて洗うとよいでしょう。

ステップ4 干す

布おむつの干し方はどうしていましたか？（複数回答可）

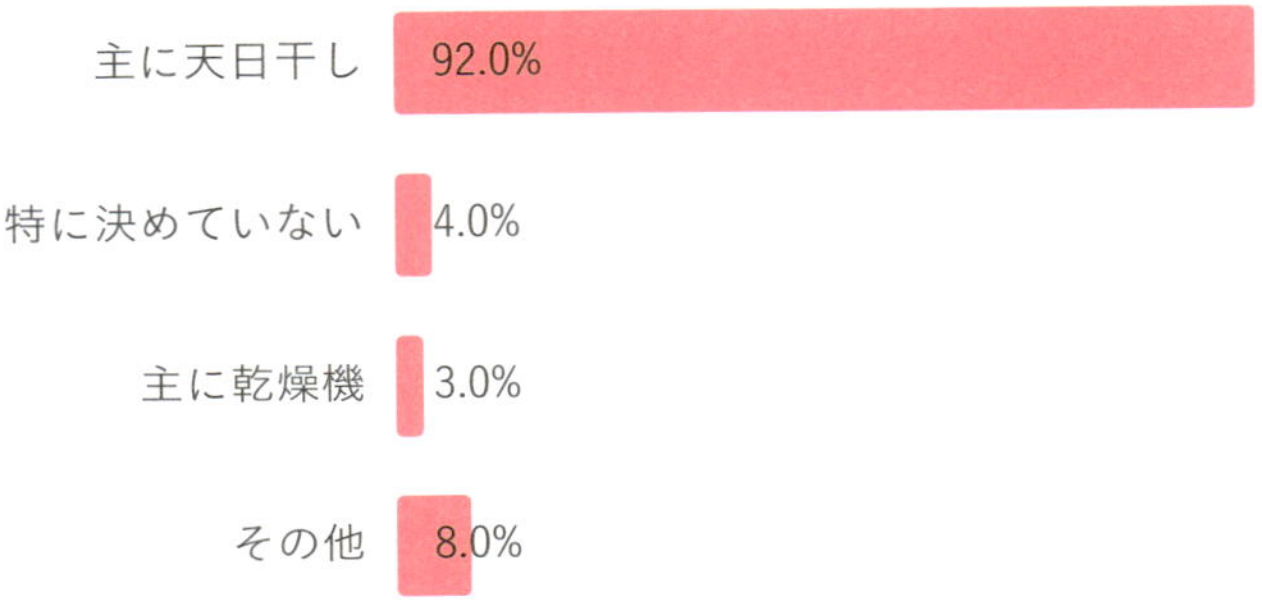

日光の力で真っ白に

布おむつの干し方について聞いたアンケートでは実に90%以上の方が「主に天日干し」と回答。これだけ多くの人がしているとおり、やはり天日干しにするのがおすすめ。というのも、うんちの黄ばみ汚れも、日光の力でキレイに白くなるのです。アンケートで天日干しにしている理由を聞くと「ほかの洗濯物も天日干しにしているから」「黄ばみがとれやすいから」という回答のほかに「太陽の光が気持ちよいから」という回答も多数ありました。

もちろん、雨が続いたり、冬場の日があたらない時期などは部屋干しや乾燥機を使うことも。どうしても天日干しでなければいけないということではないので、住環境や生活スタイルに合わせて決めるのがよさそうです。

干すときは何を使う？

干すときの道具は決まりはありませんが、32ページのアンケートで「パラソルハンガー」を購入している方が42%いるように、輪おむつを使っている方にはパラソルハンガーは便利なアイテムです。一般的な物干し用角ハンガーでもできますが、輪おむつを洗濯ばさみでおさえるとあとがついたりよれたりして、きれいにたたむのが難しくなることも。その点パラソルハンガーだとまっすぐの状態で干せるのでたたみやすく、日光もまんべんなくあたりやすくなります。

逆に成型おむつはパラソルハンガーにはかからないので、洗濯ばさみタイプが干しやすいのでおすすめです。どちらも広げて、おむつ全体に日光があたるように干しましょう。

実際の洗濯ステップ

こだわり＆おおらかママの実践洗濯

ここまで見てきたとおり洗濯のパターンはいろいろ。でも迷うポイントが多くて、どのスタイルにすればいいか悩んでしまう方もいるかもしれません。

というわけで、ここでは〝こだわり派〟のAさんと、どちらかというと〝おおらか派〟のBさんが実際にやっている1日の洗濯の流れを見てみましょう。

Aさんは1人目のお子さんの布おむつに挑戦中。几帳面な性格で、旦那さんもきれい好きです。

Bさんは上に2人お子さんがいて、第3子も布おむつ。上の子の幼稚園や旦那さんの朝の支度に追われる中、洗濯に奮闘しています。

きっちりやりたい人もいれば、ほどほどに手を抜きたい人もいます。「布おむつの洗濯」といっても、スタイルは人それぞれということがよくわかりますよ！

Aさんの洗濯ステップ

【ステップ1】Aさんの手洗い 石けんは無添加のものを

Aさんは、おむつを交換したら毎回手洗いします。おしっこだけならお風呂で。うんちのときはトイレに流して、トイレの流水でできるだけ汚れを落としてから、お風呂で手洗い。トイレにもお風呂場にも、ゴム手袋を置いて使っています。

落ちにくいときは洗剤を使いますが、使う洗剤にもこだわりあり。赤ちゃんの肌に触れるもの、合成洗剤や蛍光増白剤を使うのが気になるので、無添加の石鹸を使います。国産のものを、通販でまとめ買い。手洗いするときは、100円ショップで買ったプラスチックの洗濯板を使っています。

【ステップ❷】Aさんのつけおき

バケツはふたつ使用

汚れたおむつを毎回手洗いするAさんですが、そのあとは洗濯機で洗うまでの間につけおきもしっかりします。

使っているのは、フタ付きバケツふたつとアルカリウォッシュ。バケツはふたつとも、赤ちゃんが遊んで倒したりしないようにお風呂場に置いています。10リットル入るバケツをふたつ用意して、おしっこだけのとき、うんちをしたとき用に分けています。

1日以上はつけおきしないように気をつけていて、雨やAさん自身の体調不良などで洗濯が延びそうになったらつけおき水を交換します。

【ステップ❸】Aさんの洗濯

衣服とは別に洗濯機へ

Aさんは、布おむつをほかの衣服と一緒に洗濯することに抵抗があり、おむつだけで洗濯機をまわします。

輪おむつはほかの洗濯物よりも乾きやすいので、衣類などの洗濯が終わったあとに布おむつ洗濯をスタート。毎日1回ずつの洗濯をルーティーンに、夏場の乾きやすい時期は夕方頃までにおむつがたまったらもう1回まわすこともあります。

洗濯をしたら、つけおきバケツも毎回お風呂場できれいに洗うのも忘れずに。そのあと、空いたバケツに粉状のアルカリウォッシュを溶かした水を入れます。

【ステップ❹】Aさんの干し方

シワにならないように気をつけて

Aさんが使っているのはすべて輪おむつなので、干すときはパラソルハンガーを使っています。輪おむつはシワになりやすいのが悩みなので、乾燥機は使いません。毎回、布の端を揃えて一度たたんでから、パラソルハンガーに干します。こうすることで、たたむときに歪みづらくなります。

量が多いときはパラソルハンガーだけでは足りなくなるので、洗濯ばさみハンガーも併用することも。落ちきらなかった汚れを落とすためにも日光には必ずあてたいので、干す時間は午前中が理想的。

とりこんだらきれいにたたんでタンスにしまいます。

Bさんの洗濯ステップ

【ステップ①】Bさんの手洗い

毎回手洗いは大変

Bさんはうんちのときだけ手洗いスタイル。トイレに固形物は流してから、お風呂場のシャワーや、洗面台で手洗いしています。うんちを流すときは、トイレに流せるタイプのヘラも使用して時短に。落ちにくい汚れがあるときは「ウタマロ石けん」を使えば真っ白に！

おしっこだけのときはそのままつけおきバケツに。すぐ洗濯機をまわす、というときはバケツに入れず洗濯機にポイ！

【ステップ②】Bさんのつけおき

つけおきはやめました！

Bさんは、おむつ以外のものの洗濯にも使っている液体の合成洗剤をすこし入れた水につけおきをしています。

でも、上の子がどうしてもバケツをいたずらしたがるので、途中からつけおきバケツを撤去することにしました。つけおきをやめてからは、手洗いして洗濯機に直接入れています。

【ステップ③】Bさんの洗濯

ほかの衣類と一緒でOK！

上の子もいて、毎日の洗濯ものが大量に出るBさんの家では、おむつの洗濯で洗濯機をまわす回数を増やすのはちょっときつい。ほかの衣類と一緒に洗っちゃうときも多々あります。ただ若干、においが気になることもあるので、すすぎを1回多くするなどの対策をしています。

【ステップ④】Bさんの干し方

乾燥機も活躍

成型おむつをメインに使っているBさんは、洗濯ばさみハンガーにどんどんおむつを干していきます。よれたりすることもないので洗濯ばさみにとめるだけです。

成型おむつは乾きづらいので、季節や天候によっては乾燥機を使うことも。とりこんだらそのまま収納へ。

ここがわからない！
布おむつライフ Q&A

Q 布おむつのレンタルサービスもあると聞いたのですが…。

A 布おむつのレンタルサービス自体は昔からあり、定期的に集配し、洗濯の手間もなし。ただ、個人で依頼できる業者は多くないのが難点。関西の「コーベベビー」や、同じくコーベベビーの運営する東京都の「nu.norm」などがあります。

Q 季節によっておむつカバーの素材は使い分けるものですか？

A 蒸れが気になる夏や梅雨は、通気性のいいものに変えることもありますが、基本的にカバーは季節問わず使用する方がほとんどです。

Q 布おむつは漏れやすいと聞きます。そもそも、布おむつって紙おむつと比べてそんなに漏れるのですか？

A 紙おむつは吸水性・保水性にすぐれているので、１歳以上の赤ちゃんでも、「漏れる」までには数回分のおしっこをためることができます。その点ではやはり布おむつは〝布〟なので、どうしても吸水・保水性は劣り、漏れなくても１回おしっこをすれば「濡れている」状態になりますし、そのキャパシティを超えればすぐに漏れてしまいます。

Q 入園予定の保育園が布おむつ保育でした。家でも揃えるべき？

A 保育園によって、布おむつはレンタルだったり購入する必要があったり、洗濯も業者にまとめてしてもらったり持ち帰って自宅でしたり、いろいろあるのでまずはスタイルを確認しましょう。アンケートでは、布おむつは園だけで、自宅では紙おむつという方もいました。自宅でも布おむつにしたいのであれば、まずは、少なめの数を用意してみるといいでしょう。

Q カバーをつけるとき、どのくらい締めたらいいのでしょうか？

A 特に新生児期～低月齢の赤ちゃんの肌は敏感で、ちょっとしたことでもすぐに赤くなってしまうことも。跡がつかない程度にするように心がけましょう。あまりゆる

項目別に布おむつの使い方を紹介してきましたが
説明しきれなかった疑問点をQ&Aで紹介します。

いと漏れやすくなるので、そのバランスを見極めるのが重要です。

Q 赤ちゃんが動いてうまくおむつが替えられません……。

A 紙おむつでも直面する悩みですが、布おむつは準備に手間取って余計に困ることがあるかもしれません。事前にセットをしておいて、紙おむつのような状態にしておいてササっと替えるのがポイント。また、寝転がるのをいやがる時期なら、カバーをパンツタイプにして立ったままおむつ替えしてみるのもいいかもしれません。

Q 布おむつの洗濯に柔軟剤を使用しても問題ないでしょうか？

A 柔軟剤を使うと、おむつの撥水効果が高くなります。水を弾き、吸水しづらくなり結果的に漏れやすくなってしまうため、柔軟剤の使用はあまりおすすめできません。

Q うんちの汚れが落ちないのですが、洗濯のコツはありますか？

A 天日干しにすると太陽の光で白くきれいになる、というのも事実ですが、どうしても落ちないことも。そんなときに多くの人が使っているのが「ウタマロ石けん」。手洗い時に使うと、真っ白になるという意見も多々。蛍光増白剤が配合されていますが、安全性の高いものが使用されているそうです。

Q 汚れてきた布おむつ、捨てるタイミングの見極めは？

A カバーは、とめ具の劣化などでわかりやすいですが、おむつ本体、特に輪おむつは捨て時が難しいものです。30年以上前に使っていたものを使う方もいるし、新しいものより古いほうがやわらかく吸収しやすいという方もいるくらい、かなり長持ちするものです。いろいろな洗い方を試しても黄ばみがとれなくなったり、破れがでるほど薄くなったりしたら布おむつとしての役目はおしまいかも。

あの人の布おむつライフ

実際に布おむつを使っているみなさんは、
どんなことを感じ、
どんな生活を送っているのでしょう。
６人の方に実際の布おむつライフを聞きました。

おむつなし育児にも挑戦

Nahoさん

東京都在住／35歳
長男・Kensukeくん（1歳8ヶ月）

息子さんが新生児の頃から布おむつライフをスタートしたNahoさん。きっかけはご自身が布ナプキンを使っていたことだそう。実際に使ってみて、赤ちゃんの肌にやさしいことを実感しているといいます。

夜間も布おむつにして、外出時は短時間のお出かけを除いて紙おむつも使いました。「1日1回は外に出て紙おむつにする時間を作るだけで、気が楽になることもある」のだといいます。

Nahoさんが使ったのは輪おむつ。すぐに乾くのはいいけれど、大変だったのはたたむのが少し面倒なこと。カバーの素材は、いろいろ試してみた結果「使い心地はウールが一番」と感じたそうで、その後もウールのカバーを使い続けているそうです。

首がすわる頃からはおむつなし育児にも挑戦しているNahoさんとKensukeくん。最初はおまるから、9ヶ月頃からはトイレでおしっこができるようになりました。息子さんはアンケート回答時1歳8ヶ月。覚えたての頃は1日に数回トイレでおしっこができていましたが、遊ぶのに夢中になるとトイレに行きたがらないことも増えたんだそう。それでも、おむつ交換のタイミングでトイレに行くので、布おむつのほうがトイレトレーニングへの移行もスムーズにできそうと感じているそうです。

無理せずおだやかに布おむつを使っている印象のNahoさん。これから布おむつを始める人に「無理せず、ゆるりと布おむつ生活を楽しんでみてください。きっと、もこもこのおしりをを揺らして歩く後ろ姿に癒されます」と話してくれました。

●布おむつスタート時
第1子が生後0ヶ月の頃（2015年）

●最初に用意したもの
布おむつ：輪おむつ56枚／カバー：50サイズ　2枚

4人の子育てを布おむつで

S・Iさん

千葉県在住／35歳
長男・Rくん（9歳）、次男・Kくん（6歳）、長女・Kちゃん（4歳）、次女・Mちゃん（1歳8ヶ月）

9歳から1歳まで、4人のお子さんを持つIさんは、第1子である息子さんが新生児の頃から布おむつを始め、4人全て布おむつで育てています。

1人目、2人目のときはかわいさ重視でおむつカバーをいろいろ購入したそうですが、「3人目からは布でできればなんでもいいか、と安いものも買いましたよ」と笑うIさん。ポリエステルカバーの防水効果が薄れたときはドライアイロンで復活する、という情報を聞き、実際にその方法で何度か復活させたそう！　また、カバーは当初外ベルトでしたが、内ベルトだと立ったままおむつ替えができるということに気づいてから、3人目・4人目のお子さんのときは内ベルト派に。

布おむつを始めた当初は洗濯前につけおきをしていましたが、ご主人の実家に同居を始めてから、洗濯する場所の都合でつけおきをやめることに。「そうしたら嫌な臭いもなくなったし、カビも生えずにとてもよかったんです。つけおき水をこぼすというストレスもなくなってスッキリ」。つけおきをやめてからは、朝一度おむつだけで洗ってから、もう一度お子さんの服と一緒に洗濯機で洗っています。

4人のお子さんを育てる中で、臨機応変に布おむつライフを送っているIさん。「おばあちゃんもひいばあちゃんも、昔の人はみんな布おむつを使っていたんですよね」と話します。それに比べれば、「いまは紙おむつを利用してお休みもできる。楽しんで使ってみるのがいいのでは？」と肩の力が抜けるアドバイスをしてくれました。

布おむつスタート期
第1子が生後0ヶ月の頃（2006年）
最初に用意したもの
布おむつ：輪おむつ20枚、一体型おむつ4枚／カバー：50サイズ4枚

赤ちゃんに自然に話しかけながら

牧田景子さん
静岡県在住／36歳
長男・ゆうくん（12歳）、長女・ゆりちゃん（9歳）、次男・ともくん（5歳）

助産院で出産された牧田さんは、２人目である長女のゆりちゃんのときから布おむつをスタートしました。

洗濯に使ったのは、赤ちゃんの肌にもやさしい「ミセル無添加石鹸」。肌着など、赤ちゃんのものにはすべてこの石鹸を使っていたのだそうです。また、生地が薄くなった布おむつを小さくカットしておしりふきとして利用。３ヶ月頃までは、沐浴剤を薄めたものに、大きくなってからはぬるま湯に浸しておしりふきにしました。

布おむつを始めてからは、夜間や外出時も、すべて布おむつに。外出時は重曹スプレーを持ち歩いたものの、ジッパー付きの袋に入れればにおいは気にならなかったそうです。

夜間、外出時も布おむつで、布のおしりふきも使い、おむつカバーも自作するなど、工夫をたくさんされた牧田さん。布おむつにしたことは「とてもよかった」と感じているそうで、「おむつを替える回数が多いので、わざわざベビーマッサージなどをしなくてもコミュニケーションがたっぷりとれます」と話してくれました。「うんちの様子で体調の良し悪しがわかりやすいのもよかった」とのことで、布おむつを使ったことで赤ちゃんに自然に話しかけることができたと感じているそうです。

「布おむつは面倒なこともあります」という牧田さん。「布おむつを完璧にやりきることが大切なのではなく、その子に合った方法をママが考えてやってみることが大切」という言葉が、「赤ちゃんが一番気持ちよく過ごせるように」という牧田さんの気持ちをよく表していました。

布おむつスタート時
第２子が生後０ヶ月の頃（２００８年）

最初に用意したもの
おむつ：輪おむつ48枚／カバー：50サイズ２枚、70サイズ２枚

さっと使えて便利な成型おむつ派

ショコラさん
神奈川県在住／32歳
長男・コジョくん（2歳0ヶ月）

産後すぐに布おむつを始めたショコラさん。マタニティケアや赤ちゃんにとって何がいいか考え、妊娠中からできるかぎりオーガニック製品に切り替え、「直感で、布おむつにしたい思った」のだとか。「快適なだけよりも、おしっこやうんちの感覚を肌で知ることは大切だと思います」と話してくれました。

ショコラさんは〝成型おむつ〟派。「吸収力もいいし、使いたいときにすぐ使えて便利。乾きづらさも気になりません」とのこと。1歳頃からはおしっこの量が増えて漏れることもあったので、成型おむつも2枚重ねで使うようになりました。それでも、未だにおしっこが漏れてしまうことがあるんだとか。おしっこの量も増え、活動的になってくることで重ね使いでも限界が出てきて、もっとピッタリするカバーがあれば……と思うそう。

カバーはスタート時に12枚購入し、その後は成長に合わせて買い足し。0歳児クラスから入園した保育園も偶然布おむつの保育をしていました。保育園に預けるときはカバーを2～3枚用意するので、カバーも成長に合わせて定期的に買い足しているそうです。

洗濯時は、ざっと固形物を洗い流したら漂白剤を薄めてつけおき。そのあと洗濯機で普通に洗えば、それだけで真っ白に。

「赤ちゃんの快・不快という感性を養う」と聞いたことも布おむつを始めるきっかけになったというショコラさん。大変なこともあるけれど、「うんちやおしっこの感覚を知覚するのはいいこと。それに経済的だし、ゴミの量が本当に少ない！」と、さまざまな理由から布おむつを使ってよかったと感じています。

布おむつスタート時
第1子が生後0ヶ月の頃
（2014年）

最初に用意したもの
布おむつ：成型おむつ12枚
／カバー：50サイズ2枚、60サイズ1枚

双子でも楽しく布おむつ

平野陽子さん
東京都在住／35歳
長男・正悟くん（4歳）、長女・結子ちゃん（4歳）、次女・綾子ちゃん（0歳6ヶ月）

想像するだけでも大変そうな双子育児でも楽しく布おむつをがんばっているお母さんもいます。平野さんは、同じく双子を持つお友達がごく自然に布おむつを使っていたことで「私もできるかも？」と思ったのだそう。

出産前、お店の人にもらったのが「まずは安価なカバーで試して、それから自分に合ったカバーを購入しては？」というアドバイス。そのおかげで気軽に始めることができ、迷っている人にもすすめたい考え方です。

外出時と夜間は紙おむつにして、家で過ごす日中を布おむつに。双子で大変なのはやはり洗濯ものの量で、どんな季節でも乾燥機がないと追いつかなかったそうです。

やはり大変そうな「双子の布おむつ」ですが、双子で市販の紙おむつを使うと消費スピードは2倍。たった数日で1パックを使い切ってしまいます。大きなごみ袋ふたつがおむつだけでパンパンになり、回収日はごみ捨てに2往復することも……。それを考えると布おむつも十分選択肢になります。「生まれてすぐはお母さんも大変なので、薄着でおむつ替えや洗濯をしやすい夏に、少しずつ布おむつを始めてみては？」と、具体的なアドバイスもくれました。

「うんちのおむつを替えているときに、もうひとりが汚れたおむつを触っていることもよくあって……おむつも服も2人分総取っ替えということもしばしばありました」と笑う平野さん。双子ならではの大変さも笑って乗り越えた平野さんの言葉を聞いていると、自信が湧くような気がします。

●**布おむつスタート期**
第1子が生後9ヶ月の頃（2012年）

●**最初に用意したもの**
布おむつ：輪おむつ30枚、成型おむつ20枚／カバー：80サイズ4枚

お父さんも布おむつに奮闘！

佐藤岳広さん
青森県在住／34歳
長男・Yくん（2歳）、次男・Kくん（0歳2ヶ月）

布おむつに奮闘するのはお母さんばかりではありません。同じようにがんばるお父さんもたくさんいます。佐藤さんもそのひとり。奥さんは自宅出産で、産後すぐに助産師さんに教わりながら夫婦で布おむつを始めました。

外出時、夜間も基本的には布おむつ。長時間替えるタイミングがなさそうなときは紙おむつを使いました。たびたび出かける両家の実家には布おむつ、バケツなどを用意し、移動中の分だけ持っていけばいいようにしてストレス軽減。外出先でも手間取らないように、カバーの中に輪おむつ、成型おむつ、ライナーを重ねた形でセット。在宅時は布のおしりふきを使いましたが、外出時はぬるま湯の必要がない使い捨てのおしりふきにするなどの工夫もしました。

布おむつを始めたきっかけは「おむつ離れが早いと聞いたこと」だと話す佐藤さん。「布おむつは交換が頻繁なので、よく赤ちゃんを観察するようになりました。そのおかげで排泄のタイミングがつかみやすく、赤ちゃんも濡れるのを嫌がることでおむつはずれが早いという利点はあると感じました」と、期待通りの実感もあったよう。

ある日の外出時、布おむつが足りなくなってしまったことがあるそうです。とっさにとった行動は、首に巻いていたタオルをあてること。佐藤さんはそのときのことを「これでもいけるか、気持ちよさそうじゃない、と話しながら帰りました」と語ります。布おむつで赤ちゃんとよくコミュニケーションがとれたという佐藤さんの、なんだか気持ちのいいエピソードです。

●**布おむつスタート期**
第1子が生後0ヶ月の頃（2015年）

●**最初に用意したもの**
布おむつ：輪おむつ50枚、成型おむつ30枚／
カバー：50サイズ10枚、60サイズ5枚、70サイズ5枚

おわりに

布おむつを使っている100人の方から届いたアンケートの回答を読んでいて、強く感じたことは、「みんな、楽しそうだなあ!」ということ。

大変だったこともたくさんあるとアンケートにも書いてあるのに、なんだかみなさん楽しそうなのです。

工夫したこと、赤ちゃんをかわいく感じたこと、おもしろかったことなど、みなさんから出てくるエピソードは、いきいきしていました。

いま大変な日々を過ごしているからこそ、面白おかしく話したい! という方もいるでしょうし、すでにお子さんが大きくなっている方は振り返る余裕があるからこそ楽しかったと感じたのかもしれません。

でも、私自身、なぜ布おむつを使っているのか、と考えると「楽しいから」というのがひとつの大きな理由に違いないのです。

「布おむつについて、もっと語り合える人がいたらいいのに」という意見も少なくありませんでした。

中には、布おむつを使う友人がたくさんいたりサークルに入っていたりして、布おむつの情報交換ができたお母さんもいたことと思います。

でも、人付き合いが得意ではなく、いわゆる「ママ友」もあんまりいない。布おむつの話を実際にしたことはほとんどなかった……という、私と似たような状況のお母さんもたくさんいるようで、そういった方はアンケートに答えることも「布おむつについて話せる」と楽しんでくれたようです。

もうひとつ、アンケートが手元に集まるにつれ、気づいたことがありました。

意外と、「ナチュラル」「自然派」を意識した声ばかりではないということです。

もちろん、紙おむつが多数派のこの時代にあえて布おむつを選択するのですから、そういった志向の方もたくさんいます。

本書でも紹介したとおり、布おむつを始めたきっかけも「肌にやさしい」「環境にやさしい」といった回答が多かったのも事実。

その一方で「布おむつをもらったから」という理由で始める方や、「布おむつをした赤ちゃんのおしりがかわいい」「おむつカバーのデザインを楽しむ」という方もたくさんいたのです。

こういった状況を知るにつれ、つまり「布おむつは多様化している」んだなと思いました。

環境のためでもいいし、赤ちゃんのためでもいい、お母さんやお父さんの「趣味」でもいい。

いろんな人が、いろんなことを考えて布おむつを使っているし、どんな人も布おむつを選択する可能性がある。

どうしても、紙おむつに比べて「大変そう」と言われてしまう布おむつだけど、「そんなに大変でもないよ」ということで、やってみようと思う人が増えるかもしれません。

選択肢がたくさんある世の中だからこそ、昔ながらの「布おむつ」も選択肢のひとつとして、ずっと残っていくといいなと思います。

この本の著者は、アンケートにこたえてくれた100人のお母さん、お父さんたち。そして、その方々にいろいろなところで情報を与えてくれた、さらに多くのお母さん、お父さんたちです。

これからも「布おむつ」が時代に合わせて形を変えつつも、赤ちゃんとお母さん、お父さんの生活を豊かにしてくれることを願っています。

編者　林《はやし》さやか

1983年生まれ。出版社勤務を経てフリーランス編集者。2011年より出版社「編集室屋上」をスタート。これまでに『二階堂和美　しゃべったり　書いたり』(二階堂和美・著)、『ぼくのワイン』(金井一郎、祐子・著)、『に・褒められたくて　版画家・ながさわたかひろの挑戦』(ながさわたかひろ・著)、『二人の手紙　壺井繁治・壺井栄　獄中往復書簡集　昭和五年ー昭和九年』、雑誌「屋上野球」vol. 1、2を刊行。2014年に出産、1児の母。

100人《にん》アンケートで見《み》えてきた
みんなの布《ぬの》おむつ

2016年11月25日　第1刷発行

編者　林《はやし》さやか
布《ぬの》おむつ100人《にん》アンケート実行委員会《じっこういいんかい》

デザイン　葉田いづみ
イラスト　天明幸子
写真　小山幸彦(STUH CO.,LTD.)

発行所　株式会社亜紀書房
〒101-0051
東京都千代田区神田神保町1-32
TEL　03-5280-0261(代表)
03-5280-0269(編集)
http://www.akishobo.com/
振替　00100-9-144037
印刷所　株式会社トライ
http://www.try-sky.com/

ISBN978-4-7505-1489-5　C0077